胡振郎口述历史

胡振郎口述　邢建榕　魏松岩撰稿

口

ORAL HISTORY

上海市文史研究馆
口述历史丛书

胡振郎

胡振郎，著名国画家、国家一级美术师、中国美术家协会会员、上海市文史研究馆馆员、上海中国画院画师、上海市黄浦画院院长等。本书是胡振郎先生关于家世亲人、学艺经历、师友交往、丹青事业及人生阅历的回顾。虽人生经历坎坷曲折，却砥砺前行。他出身贫寒，其少年经历，浓缩着旧中国乡村生活的悲惨缩影；他立志求学，其经历的高考映衬着脱颖而出的人生际遇；他 1963 年入职中国美术家协会上海分会、负责国画组工作，见证海派画坛五十余年的兴衰跌宕；他 1974 年援藏，感受藏地文化，经历解放初边疆的艰苦岁月；他 1986 年创办上海首家公助民办黄浦画院至今，助推上海美术界的改革开放。虽说永远在路上，坚韧的人一定最终抵达成功。

编撰说明

上海市文史研究馆成立于1953年6月，首任馆长张元济先生由毛泽东主席提名，时任上海市市长陈毅亲聘。建馆六十余年来，上海市文史研究馆由历任市长共延聘近1 200名馆员。馆员专业遍及文化历史、金石书画、新闻出版、教育学术、戏剧电影、传统医学、传统体育等多个领域，多以深邃造诣、杰出成就和一定的社会影响，成为专业翘楚乃至具有代表性的知名之士。他们在人生和事业道路上所经历蕴积的波澜起伏、经验见识和丰富阅历，是具有多重价值的宝贵的人文历史资源。

为了充分发掘文史馆馆员群体所特有的珍贵而丰厚的人文历史资源，保存历史记忆，记录时代风云，推动口述历史研究工作，上海市文史研究馆于2013年7月正式成立上海市文史研究馆口述历史研究中心。著名历史学家、上海市文史研究馆馆员姜义华和熊月之先生联袂担任中心主任。中心成立后，即聘请沪上学有专长的十位文史学者担任特聘研究员，启动上海市文史研究馆口述历史丛书（以下简称丛书）编撰项目。为了保证丛书的整体质量，在广泛征求各方面意见后，确定以下编撰原则：

一、丛书主要以上海市文史研究馆馆员、同时适当选取符合要求的馆外人士为访谈对象（即口述者）。

二、丛书恪守口述历史征集途径和开展过程的规范性。凡列选书目，概由口述历史研究中心先根据相关原则选取访谈对象。征得同意后，由口述历史研究中心约聘的撰稿人拟定采访提纲，经中心审议和口述者认同后付诸实施。访谈结束后，由撰稿人在文字笔录对比录音、影像的基础上整理成文，最终由口述者本人修订定稿。

三、丛书注重口述历史区别于一般“自传”或“回忆录”的独特性。访谈范围涉及口述者家世、经历、事业、交往、见闻等多个方面，尤其重视本人在场或参与之所历、所见、所闻、所传、所思，具有历史价值却缺乏文字资料的内容。

四、丛书本着客观的态度保存口述者的记忆。由于认识水平和记忆偏差，其内容可能与事实有出入。撰稿人应对口述中出现的人、地、物名及时、空、事件等进行必要的核对，尽量减少常识性错误，必要时可加以注释论证，亦可视具体情况在正文后面附录口述者活动年表等相关资料。

五、丛书在整理成稿并交付出版时，除了部分内容因涉及敏感暂不公开，或不得已而有所技术处理外，应务力保持资料原貌，切忌依据主观价值标准任意删除或更改，以此体现对口述者、对口述历史的尊重，同时也给口述资料的使用者保留可供继续解读和分析考证的空间。

六、丛书按照以图辅文、以图证史的原则向口述者征集和选用图片，包括照片、书信、手稿、字画、实物摄影等各种形式的图像资料，基本要求是：图片题材应该与口述内容直接关联，图片质量应该达到刊用水准，图片说明应该以新闻报道原则来撰述，时间、地点、人物、主题，基本齐全。

我们热忱希望丛书的编撰出版能拓展史料搜集的范围，能丰富读者对历史的认知，也衷心希望大家对我们编撰工作中存在的疏漏或差错，不吝批评指正，以利于口述历史的健康发展。

上海市文史研究馆
2015年6月

目　录

第一章　故园依稀

一、我有八个妈妈

"胡公大帝"

我出生在浙江永康。

现在这座小城垄断着全国的小五金市场。早年这里手工业就很发达，永康的铁匠、铜匠走天下，名气很响。探究永康手工业发达的原因，有人说这里山峦起伏，地少人多，靠种地难以生存；也有人说永康人聪明，善营工匠之术；还有人说永康人喜欢比武斗勇，打铁还需自身硬嘛。不过，这里历史悠久、风光秀丽、人杰地灵，也积淀下深厚的文化底蕴。

小时候，听乡民讲本地先贤，最多提到两位名人。一位是开宗立派，创下"永康学派"的陈亮，南宋大文豪，豪放派词人，才情奔放。乡人至今爱诗文，附庸风雅，仍受陈亮遗韵熏陶。距我家乡不到三公里，有陈亮先妣之墓，是衣钵真传的明证。不知哪朝哪代，人们在那里建起了纪念堂，一半介绍陈亮，另一半纪念胡则。胡则是北宋著名清官，与"包公"媲美，史载其"力仁政，宽刑狱，减赋税，除弊端"。

封建社会，民众信仰朴素，尊重秩序等级，胡则作为清官和父母官，越来越被神化，被尊奉为"胡公大帝"。新中国成立后，毛泽东赞扬他"为官一任，造福一方"，这句话广为流传。破"四旧"，多数神明都成了糟粕，遭遇"打翻在地"的厄运，唯"胡公大帝"，知誉度不降反升，真是凤毛麟角的例外，全仗他老人家洪福庇护。我后来遇到好事，也会对人说："胡公保佑！"一半是诙谐，一半是真情。

永康胡姓开枝散叶，人丁兴旺。胡公子孙众多，受祭场所遍布州县。

离我家不远，方岩山的一个山洞里，有一个最大的胡公庙。逢节日或集市，庙前人头攒动，人声鼎沸。有做小生意叫卖的，有杂耍卖艺的，还有和鲁迅先生的《社戏》里一样的小生小花旦，画着桃红色脸蛋，水袖轻扬，俊俏灵巧。更多人为祈福请愿而来。乡民都说胡公慈悲灵验，悲悯众生。

我养母也这样说。小时候，我常常和她一起，走一个钟头的山路，去拜胡公。

山林幽静，我们沿云梯而上。路上，她讲各种胡公显灵的故事，活灵活现，百听不厌。我长大后想，有信仰总归是好，让人抱持希望，有敬畏，教人向善。

除了人杰，我家乡地也灵，风光旖旎，美仑美奂，有山水永康之称，好多电影电视镜头都在此拍摄。《仙剑奇侠传》《射雕英雄传》《天龙八部》《大宋提刑官》《功夫之王》等影视作品，都来过方岩山石鼓寮取景，画面里岩壑幽深、飞瀑倾泻、翠竹流碧、浓荫蔽日，恍若人间仙境。

越往山里走，景色越奇丽，如山阴道上目不暇接。我家深入山腹，附近有五峰书院，是南宋永康学派发源地，朱熹、吕祖谦、陈亮等学者在此著书讲学，苏东坡还在石洞里留下笔迹。凭借山深林密，抗战爆发后，日本人没打过来，这里相对安全，浙江省政府从杭州搬来，五峰书院成了时任省主席黄绍竑的办公室，当年防御用的岗哨、碉堡现在还矗立在山间。我童年还去攀爬玩耍过，如今早被翠藤环绕，终年野花不凋。

新中国成立前，永康县人口二十五万，刚解放的时候四十万，规模不算大。永康发展不靠农业，靠手工业，打铁、打锡、打铜，永康铁匠最为知名，因为铁的应用在农村最为广泛。当然锡匠、铜匠的工艺也很高明，前不久永康铜壶作为非物质文化遗产，还到上海朵云轩展出过。

永康男子从十几岁到六十多岁，许多人以打铁为生，流动铁匠遍布全国各地，他们仅在每年农忙、秋收的时候回家乡一两次，帮着干农活，有的过年再回来一趟，也不超过三次。家里开销从各地邮汇回来，永康经济受到全国的支持。说全国的农业和手工业生产离不开永康人的手艺，并不夸张，永康“铁汉子”们打造的劳动工具、日常用品，深入千家万户，遍及人们生产生活，无处不在。

母亲难产而死

我的童年，只有用“苦难”两个字来概括。

1938年，民国二十七年，全面抗战爆发的次年。战火已经燃起，这里多少感觉到了异样，不安的氛围，同样笼罩在这座中国浙南的小山村。但是，对于世居山村的人来说，贫穷无知仍然一样，生活习惯也无改变，人们日出而作，日落而息，但求温饱度日已是奢望，安有非分之想。

农历八月初八，盛夏，清晨六点左右，我出生在桥下乡胡塘下村的一户农家院。因为母亲难产，这个院落已经喧闹忙碌了整整一夜，晨曦来临之时，疲劳紧张的亲人来不及歇息，更无暇分享新生儿诞生的喜悦，随即陷入了恐慌，继而绝望。我母亲出现了产后血崩。用当地话说，是发“红砂”了。据在场人多年后向我描述，母亲鲜红的血汩汩涌出，无法遏制，人们眼睁睁地看它淌满一地，却无计可施。老天慢慢抽走我母亲最后一丝生气，为了我的出世，她耗尽了所有的精力，撒手西去。

西医普及之前，几千年来，上至皇族，下到村妇，女人生孩子都是一件凶险事情。遇到难产，更是一脚踏进了鬼门关，现在的年轻人绝难想象。因难产而死，在当时当地并不罕见，所以我母亲的离世，虽说是一件万分痛心和遗憾的事情，但在家人和亲朋看来，也是生死有命的注定，生活还得继续。

我与生母，死生之间擦身而过，她因我而死，我因她而生，我对她的感情是最难以言说的，如果非要说一个字，那就是痛。我对她没有任何记忆，我的记忆就是懵然的痛。

十三岁那年，我第一次见到外公外婆，才了解到一点母亲的身世。我母亲娘家比较富裕，新中国成立后外祖父家庭成分被认定为地主就是证明。外婆生了两个孩子，我母亲是姐姐，还有个弟弟，我后来见到娘舅，他待我很和气。我父母的婚姻并非门当户对，但父亲朴实，母亲和善，两人过得也算和美。我父亲在1957年过世，我和他相处的时光也非常短暂，这是后话，以后会慢慢道及。在人的一生中，一般都会与自己的父母交集最多，包括生活相处和感情交流，但我与生父母的关系全然不是这样，这只能说明这个时代和社会的异样性。

我是父母的第二个孩子，有个大我五岁的哥哥胡根火。我出生的时候，阿哥已经会放牛了，每天骑牛去田间水畔。阿哥没有读过一天书，新中国成立后，接受扫盲，当了村干部，工作很积极。我不满一岁的时候，因为几乎活不下去，父亲将我送人，离开了我的亲人。离开得太早，我太小，没有记忆，前事不清，以为与别人家的孩子没有区别。

很多年间，我并不知道自己被收养，到十六岁，才知道我还有生父和一个亲哥哥。因此，和阿哥相处的时光非常有限。本来没有什么，一旦知道自己的身世，别人家的兄友弟恭、兄弟情深，于我只有羡慕的份儿。我阿哥一生没有离开故土，一直在家乡务农。他不爱读书，不喜书画，没有什么特长，唯嗜好老酒，农村的人大多这样。2000年，我阿哥六十七岁时，生肝癌过世。

怎么活下去

为生下我，我母亲死了。在邻里眼中，我多少算个特殊的孩子。不过，乡民善良，对我最多的感情还是同情。我也的确值得同情，因为实在可怜。

我出生后的第一个紧迫问题是没奶吃，来不得半点耽搁，也无法靠其他东西搪塞。乡民可怜我，哪家的妇女正在哺乳，便分给我一口。我就这样东家几天，西家几天，吃着百家救命奶，度过了来到人世的最初时光，算是活下来了。如果这种“一饭之恩”也称之为“母”的话，加上我的生母和养母，统计一下，我总共有八个妈妈。

虽然活了下来，但要活下去却不容易。讨奶吃，一天两天可以，长久就不行了。那时，各家各户都不富裕，产妇营养不良，奶水并不充裕。久了，人家难免为难，毕竟自己孩子要紧。

我父亲既难为情，又干着急。现在还可以靠牛奶或奶粉救急，当年农村里，哪里来这种东西，他束手无策，只有搓手的份儿。后来，在好心邻里的指导下，学着改喂我米汤。那么小的婴儿只吃米汤，所有人都担心我活不久。

想来那时，我家真是凄凉。一家三个男人，两个孩子，我尚嗷嗷待哺。父亲无暇顾及丧妻之痛，终日忙碌不休。不过他再能干，终究无法抚育襁褓中的婴儿，有人出主意，想帮我父亲续弦。可是谁会愿意啊，人家一听到我家的情况，没有答应的。终于等到个愿意考虑的，却提出一个条件，最多接受家里有一个孩子。我家有两个，人家不愿意给两个孩子当后妈。

此时，我再次挣扎在生死边缘。据乡邻后来回忆，我那时骨瘦如柴，四肢纤弱，肚大如鼓，无精打采。因为没人专心照顾，我终日被放在站笼里，连吃的都困难，有时乡民吃饭，看我还饿着，就喂我两口。

村里有经验的人对我父亲讲，“这样下去，这个孩子养不大，送人吧，或许能救他一命，你也可以再婚，带着大儿子，过上正常生活”。我父亲起初犹豫，舍不得，后来意识到这也是没有办法的办法，便同意了，自有乡民去张罗安排。

二、唏嘘不已忆养母

养母视我如己出

1939年，养母将我抱回家，为我取名“进郎”，胡振郎是我后来改的名字。养母家在六公里外的古山镇四村，与我出生的胡塘下村，一南一北，隔溪相望。

养母名叫应香球，人长得漂亮，是个克勤克俭的农妇，为人善良本分，不识字，却懂得好多道理，这在当时当地也属稀奇。养父比我养母大十岁，两人是包办婚姻，他对养母没有什么感情，大概也不懂什么是感情，常常骂骂咧咧欺负她，甚至动手打她。

养父的父亲是个秀才，家里有点文化底蕴，但养父没有承袭父志，不肯读书，当了铁匠。他聪明，手艺好，做的铁器颇受人器用，远近闻名。养父后来沉迷赌博，做了赌公的跟班，终日游手好闲，不务正业，连打铁的活也懒得干了，一有钱就去赌，十赌九输，回家就发脾气，发脾气就动手打养母。我养母性格懦弱，身体娇小，加上没能延续香火，有心理弱势，每每受了委屈，唯有哀求，从不反抗。

我懂事后，常常看到养父打养母这一幕，因为养父性情暴躁，邻居一开始还来劝架，三番五次就没有人上门了，奇怪的是养母娘家人也难得来一次。养母被打后将我紧紧抱在怀里，向隅而泣，在这个家里，只有不懂事的我，作为她的感情依托，我想，在那个环境里，一般人真是生无可念，养母没有走上绝路，一方面有她的无可奈何，另一方面也是为了我能够长大成人。

养母是我的救命恩人，视我如己出，倍加珍爱。她自己没有孩子，收养我的时候已经三十多岁，生活的重心都转移在我身上。

抱我回家后，让我活下去是头等大事，养母为此花费了极大的精力。虽然我只能吃到糊糊，但毕竟一日三餐有东西吃，我的身体逐渐显露生机，跟着养母学会讲话，也会走路了。至少，这个抱来的孩子算是活下来了。

只是，我仍然营养不良，人长得瘦小枯干，肚圆如鼓。一次村里来了个中医，养母带我看病，中医说我肚子里有蛔虫，到省城杭州“胡庆余堂”去买打虫药。

养父的哥哥在萧山经营铁器铺，商号“胡金兴”。萧山离杭州近，养母便委托伯伯捎来甘积粉，是一种打蛔虫的药粉。我吃后，拉出一痰盂蛔虫。又鼓又硬的肚子收回去了，营养也能吸收了，我开始发育、成长，与一般小男孩没什么两样。邻居看我健康了，都替养母高兴，说这孩子命大，将来一定有出息。养母也高兴，眼看我一天天康健长大，她的辛苦和投入有了回报，她觉得非常欣慰。我日渐成为她不幸生活中唯一的快乐源泉。

养母的生父也是个秀才，乡间秀才读过书，小知识分子，算比较稀罕，受尊重。但养母的母亲没文化，不识字，他们离了婚，养外婆便带着女儿出走，后来再嫁，生下我的养舅舅。我养母颇受养外公影响，对于学问和教育的事情非常敬重，觉得唯有读书好，可以改变今后的人生，不至于在小山村里穷困一生，而一旦能够出人头地，她的后半生也算有了依靠。这在当地传统乡村文化里，不算什么稀罕的见解，但放在那么一个贫困家庭，尤其是一个村妇身上，多少有些不同凡响。

尽管家里很贫困，养母想尽一切办法，坚持将我送进学堂。她说：“做牛做马，再苦再累，也要让你读书。我自己没读过书，被人看不起，我不能让你像我一样！”“只要你有出头之日，我再苦也心甘，就是活着没福分，人到黄泉也不怨。”

赶集赚学费

养母让我读书的意志坚定，但要实现谈何容易。

家里总共只有两亩地种稻，产量不高，仅供糊口，一遇收成不好，日子就难过了。养母性格内向，但为生活所迫，也学着做点微薄生意，打草鞋拿到市场上去卖，这样的买卖能赚什么钱呢，要送我读书，目标遥不可及。养母绞尽脑汁，再想其他办法贴补生活。

古山镇及附近乡镇集市，一般每五天开场一次，到那一天，大家都去赶集，比较热闹。养母开始辗转周边集镇，做包子、肉饼出售。至今我都记得，七十年前，我和养母在晨曦微露时出门，她挑着担子，我背着一摞草鞋，我们在山路上错落前行，形影相随。她说："做人要勤奋，如果天上掉下金子，还得起早才能捡到！"山路悠长，母子二人难得欢声笑语，满心希望。养母的这些朴素话语，我谨记终生，奉为圣训，在我心里，比最高指示地位还高。我这辈子，在艺术道路上起早贪黑，勤勤恳恳，曾经为创作一幅画三十个小时不眠不休，以实际行动践行着养母的"训诫"。

集市上人声鼎沸，热闹喧天。养母卖包子、馅饼，有肉馅的，雪里红馅的，梅干菜馅的，还有家乡独特的豆腐馅。幼小的我也捧着盘子，走进人群，高声叫卖，招揽生意。我们赶一个又一个集市，往往要付出很多，才能赚取一点点外快。

在养母的坚持下，靠着起早贪黑，辛苦赶集的收入，集拢我读书的学费。我终于进古山镇小学读书。生活本来艰难，她为我读书又额外多吃了许多苦头，我因此从小懂得赚钱的不易。

乡下读书惯例以米粮抵学费，一般一个学期交四十斤大米。四十斤大米在今天不算什么，但在当时，是我们全家一个月的口粮。家里的两亩薄田，精耕细作，一年亩产也仅足二三百斤，基本是生活的全部保障。我们物尽其用，连田里的稻秸也派用场，一部分用作编结草鞋，一部分给家里养的猪作稻草床。这样一来，烧饭的柴禾就要另作谋划。我要去山里砍柴，或捡松毛、枯枝，十三岁时已经能肩挑四、五十斤的柴禾走二十里山路。此时我已经完全摆脱了童年的羸弱，成为一个能干的劳动力。大概因为过早挑担，干体力活，影响了身体的长高。

养母爱我，在我们共同生活中的点点滴滴，都渗透着她的善良和深情，每每回味，令我唏嘘不已。

因为养父嗜赌，家里欠债越积越多。我读书后，日子更加捉襟见肘，困难时甚至无米下锅。每年二三月份，青黄不接之际，饥荒如影随形，我家常常只能以草头充饥。有时，我早晨没吃东西，空着肚子默默去上学。养母就想方设法，向邻居讨些吃食，送到学校。她在教室外等候我下课，将我拉到僻静处，让我赶快吃掉。我心疼她，知道她要做繁重的体力活儿，更加饥饿，往往不肯吃。

养母说："我年纪大，不要紧，你快吃了上课去，别耽误课程。"

看我吃完，养母转身赶回家，继续忙碌干活。我们虽然不是亲生母子，却一样母慈子孝，心心相印。大概读书来之不易，我总有一般小孩子不易有的懂事，从不招惹是非，在学校里一门心思读书。

一晃小学毕业，内心很想再继续就读，但却深知，应该到此为止了。在我童年时代，绝大多数中国人没有受教育的机会。闭塞的乡村，温饱尚且不足，有条件读书的农家子弟凤毛麟角。即便有开通的父母，竭尽全力让孩子受教育，目标也多停留在认字识数的水平，往往读上两三年，就让孩子辍学劳动去了。养母用不眠不休、昼夜不辍的劳作，以及对养父的低眉顺眼，换来我的读书机会，我能读完小学，已让同龄人羡慕不已。

对于读中学，我是既渴望又忐忑，这种念头养母自然心知肚明。但养母的态度却没有犹豫，她做好了继续艰难供我读中学的准备。我后来想，按照养母内心的规划，如果条件允许，她会愿意一直支持我读书。初中、高中、大学，一路下去。我养母是一个尊重学问，向往有知识的体面生活的人，这也是她的非凡之处。

由于成绩不错，我进入到百年老校——浙江省立金华一中就读。能上金华一中，在当地是极大的荣耀，有多少富家子弟和读书子弟，想进而进不了，我一个穷孩子却考上了。我因此非常骄傲，走起路来都昂首挺胸，养母的脸上似乎也有了光彩，邻居仿佛都客气一些。

丧母之痛再次降临

但没想到，快乐的日子很快戛然而止。不幸第二次降临到我身上，我将再次面临丧母之痛。生母过世时，我刚出生，没有任何情感体验。养母的死，让我真切感受到那句话——世界上那个最疼我的人去了！

我读上中学不久，养母因积劳成疾，身体日渐衰微。养母有妇科病，并非致命的恶疾。一般来讲，妇科病要休养，但养母哪里有条件可以治疗休养。她操持家务，供养我读书，要付出比常人更多的辛劳和体力。养父的暴虐对她的精神伤害也很大，终年没有人体贴关心，偶尔养父在家，还总要担惊受怕，小心翼翼，精神紧张，情绪非常压抑。长此以往，体力上的透支和精神上的郁结，终于压垮了养母的身体。

家里如此贫困，根本没有能力送养母去医院治疗，养母的病情逐渐加重，而养父基本不问不管，甚至厌弃。最多，只能求助土郎中、土方子，我也听信乡间秘方，去八公里外的某口井里，舀取一小桶水，带回家自己配药。所谓配药，是比庸医让鲁迅先生捉成对蟋蟀、买经霜三年的甘蔗还要愚昧的。不过是将猪粪放在瓦片上烘焙，干透后，磨碎，和上带回的“仙水”，酿成糊糊喂给养母吃。这种费尽周折的偏方，寄托了养母希望康复的全部指望。毫无办法的我，也只能无奈地期盼它能有神奇功效。

结果不言自明，没有任何生命的奇迹发生。养母年龄并不大，仅仅四十九岁，可说是油尽灯枯。其时，我已经辍学，离开金华一中，在萧山养父哥哥处当上了小铁匠。听到养母病危的消息，心急如焚，日夜兼程赶回她身边。

忆起养母过世的情节，我至今内心黯然，无比酸楚。

那是1954年初，一天，她突然晕厥，进入弥留之际。好心邻居一搭脉，摇摇头，转身对木然呆立的我说：“你阿娘死了。”我顿时大哭。

以前见过村里人过世，大概知道些习俗。我找来稻草，学样往腰上一捆，出门去找村长。我说：“我妈妈走了，你帮帮我。”

村长可怜我孤苦无助，答应给我养母一口薄棺材。我领到棺材，回到家，在邻人帮助下，将养母入殓。待要盖棺时，养母的口鼻间缓缓吐出一口气，居然醒了过来。大家惊讶不已，也有的说回光返照，反正人活过来就好，手忙脚乱地将她移出棺，仍旧安置在床上。养母活过来了，我自然转悲为喜。只是，回身看一眼棺材，又无限伤感，后面终究只是等死的过程。

第二天下午三点，养母真的走了。我请几位邻居帮忙，一起在松树下挖好墓穴，无比悲痛地埋葬了我的养母。我再次失去了母亲，又成了没娘的孩子。

这一年，养父已经五十九岁，依然赌博抽烟，游手好闲。绝大多数时间，我都不知道他在哪里，在做什么。养母死后的几个晚上，我一个人孤零零地思念养母，睡不着觉。为了省钱，房内并不点油灯，暗黝黝的，让人害怕。寂静夜色中传来凄厉诡异的叫声。我吓得和衣而卧，往往一夜未能合眼。住在隔壁间的一个孤老头子拿我寻开心，逗我说："鬼叫了。"我很悲愤，对老头儿说："我妈妈刚死，你这么个大人这样吓我！"

天蒙蒙亮的时候，我出门，去后山探究竟。趁着朦胧星光，看到了蹲踞在小山顶上的猫头鹰。

据说猫头鹰属于嗅觉特别敏锐的生物，它能感知到人之将死的气息，在人死前几天就在附近鸣叫，人刚死的最初几天，它也叫，因此乡间都把猫头鹰叫声当作凶兆。我养母过世的"头七"，猫头鹰每晚都叫，后来就听不到了。

没有了养母的日子该怎样继续？命运太早把独自谋生的难题摆到了我面前。我无依无靠，思来想去，穿上草鞋，背起破包袱里的全部家当，还是回萧山投奔伯父。我刚上路，养父沿山路急急追赶而来，要捉我回去。也不知道他要我回去是什么意思。这些年的劳作锻炼，我已算身强力壮，我不愿意回去，一阵纠缠后，他的身影被我远远甩在后面。

我和养母相依为命，彼此度过了十多年的光阴。一贫如洗、省吃俭用的养母过世前，留给我一枚有缺口的金戒指。这枚戒指由养母的外婆传给她母亲，再到养母手中，历经三代，算得上是她的传家宝，也是她唯一的财产。现在这枚戒指，静静地躺在我的抽屉中，每回看到它，我都要拿出来抚摸一番，短短几分钟的时间，却穿越回了那个令人绝望的年代。

我的养母是旧时代千万普通农村劳动妇女的缩影。她生命短暂，像流星划过夜空，不留痕迹；她的死，像雨水落入大地，悄无声息。但七十年来，生死两茫茫，不思量，自难忘，她始终是我最敬重的人。这个善良的农妇给了我第二次生命，给了我活下来的机会。俗语说：没娘的孩子像野草。生母难产而死，童年的我，任凭风吹雨打，是养母给我保护，关爱和温暖。有了她，才有今天的我及我的一切。

许多年后，我有了富足的生活，每忆起养母，总是分外落寞，那句“子欲养而亲不在”，贴切地概括了我关于养母最深切的遗恨。我想让她过几天好日子，希望她能亲眼看到自己疼爱的儿子实现了她的愿望，甚至超越了她的追求，可是只有在我的梦里才能做到。

我常常梦见她。

三、阿根叔

讲故事

在我幼年，影响我最大的是两个“苦人”。一个是养育我成长，给我生命关爱的养母；一个是将传统文化中的精华和糟粕，一股脑儿塞进我幼年懵懂的心田，从而引领我走上艺术道路的阿根叔。

阿根叔比我年长将近二十岁，住在距我家五十米远的山坡下。父亲是晚清落末秀才，身无长物，过世后仅留下一些旧书，那时自然是线装书，内容也属于旧文化，阿根叔却爱如珍宝，他的世界里，这些书是唯一的精神寄托和知识来源。阿根叔的母亲，据说早年受过刺激，精神便不正常，生活不能自理，无法照料家里几个孩子。家里兄妹四人，阿根叔排行老三，有一个哥哥，不务正业，嗜赌贪杯，姐姐和妹妹也都嫁了人，对这位兄弟几乎不问不顾。

阿根叔是否有正式的名字，我不清楚，也从没听别人提起。他是否生来病患，我也已经记不清。我懂事时，已经看见阿根叔行走必须依靠双拐，拖着一双脚艰难地挪动。

在所有人的眼里，甚至包括他家人，都视阿根叔为废物，与他们无关痛痒，现在看来是源于贫困和无知造成的畸形冷漠。

阿根叔家境极其贫寒，一日三餐在他这里都成了妄想。运气好的时候，一天能吃上一顿饭，很多时候，这一餐都无保证。贫穷会消磨掉世间的很多温情，包括亲情。因为贫寒，人往往将更多关注放著自身，无暇去关爱其他。家人住在正房里，还算宽敞，阳光照得进窗户里，阿根叔孤苦伶仃地住在一侧的耳房里，这样一种安置，或者说遗弃，谁也没有人提出过异议，仿佛应该如此。

耳房冬冷夏热，狭小阴暗，四季不见阳光。凛冬，北风呼啸灌入；盛夏，暑气淤闷。在浙南农村，这种耳房通常用来蓄养牲口，堆置农具或充当茅房。阿根叔的房间，除去几条铺板搭成的一张小床，几乎一无所有，因为窗子开得低小，朝向不好，屋内光线非常昏暗。我每次去看望他，进门后，都需要停立片刻，让眼睛适应环境，才能看清他是否在家。

阿根叔非常聪明，疾病摧残了他的身体，他的脑子却异常灵光，手指也比常人灵巧，富有艺术细胞。“上帝关上一扇窗，必然打开另一扇窗”的话，在阿根叔的身上得到印证。他博览群书，遍读所有能触及的古书。我从他门前经过，他总是叫我：“振郎，过来，我讲故事给你听！”他太孤独了，连和人讲话都是一件求人的事。

此时，我已经从胡进郎改名胡振郎。按族谱，我这一辈是“振”字辈，下一辈是“德”字辈。我知道后，觉得“振郎”叫起来更神气、更明亮，上小学的时候就自己改了名字。阿根叔很支持，他说“振”字好，振动山河；“郎”就是男子汉。很多年后，林风眠先生也觉得我名字好，叫得响，戏称我“古月正郎”。雕塑家胡大进还给我雕刻了一枚方章。

我自幼听阿根叔的故事，津津有味，潜移默化，成为我童年时代的文化养料。他讲《水浒》《三国志》《西游记》，讲《聊斋》《封神演义》《儒林外史》……故事精彩，绘声绘色，听得我忘记了上学，忘记了吃饭。阿根叔源源不断讲述着那些故事，我总纳闷他的肚子里为什么有讲不完的故事呢？我开始上小学，读书，接触文化之后，对他更加羡慕、崇拜，也更频繁地出入阿根叔的小屋。

阿根叔的故事，贯穿着传统文化的“仁义礼智孝悌”、主角身上那些江湖豪气、快意恩仇、仗剑天涯的传奇故事，总让少年的我热血沸腾，心生豪迈，无比向往。多年来，接触过我的人，总觉得我多少有些江湖个性。这种气质最初萌生的种子，就播撒在听阿根叔的故事期间。

做风筝

阿根叔不光读书多，肚子里货色多，还是个“民间艺术家”。他会扎风筝、龙灯，会画画，这些手艺自然是他寂寞时，打发时间的手段，也是他一个人在家时无师自通学会的。可是不同于别人，这些手艺，对于阿根叔来说，还是一种生存的手段，除此之外，他还能做什么呢，有时候，他就靠它们换些口粮过活。

春天，草长莺飞，融融春色，我扶阿根叔沐浴在春光中。艳阳下，乍暖还寒，他做的风筝，在煦风中自由徜徉。此时，阿根叔的心似乎也随风筝变得自在起来，脸上露出难得的笑容，那是我看到的极少数的几次开心。

风筝飞得高，飞得稳，在湛蓝的天空中翱翔，而且色彩明丽，吸引村里的孩子们围着我们，结果是，他们也依样画葫芦做风筝，可是奇怪的是，他们做的风筝，却不如阿根叔的好，一比就比下去了。于是他们请阿根叔代做，也不能白做。当时，乡下还保持着以物易物的风俗，对于阿根叔来说，换些粮食最为实在，可以短暂缓解阿根叔的饥荒。他因残疾，无法下田，没有劳动所得，一切生活所需皆靠家人和邻居施舍。这时候，乡人一半是救济他，一半是为了孩子开心，总有人请他做几个风筝之类的玩意，逢年过节，那就是写几副喜庆的春联。

做风筝，要抓紧时间，过了新鲜劲，小孩子或许会没了兴趣。光靠阿根叔也不行，他出不了门。我每天都去他简陋的小破屋，在昏暗、呛人又熏眼的煤油灯下，我们两个人开工制作，他怎么说，我怎么做。

原料皆是就地取材，山坡屋旁的竹子，劈成篾，编框架，糊上纸，然后画些图案，龙啊、鸟啊、鱼啊都可以，关键是颜色鲜艳。这就难了，阿根叔穷，我也穷，没钱买颜料。但总有办法，姹紫嫣红的大自然里藏着五颜六色。春天，黄色的山枝花漫山遍野，迎风怒放，采来捣碎，便是藤黄；牵牛花和凤仙花的汁液绞出来，就有了胭脂色；蓝色来自池塘边的甸青草，西南少数民族制作蜡染，便是以其发酵后作着色剂，中国画使用的花青也由它提炼。

并非所有色彩都能由植物提供。其他几种，阿根叔让我进山，溯溪而行，去溪谷中寻找石头。他说："山凹里，有水的地方，必有一种红色的石头，你拿回来，磨成料，就是红颜料。"

我根据阿根叔的指示，找到了两种红色石头，正红和铁锈红；找到了青色石头，磨成石青和石绿。这样的收获，让我欣喜和自豪，好奇心使我一次次进山寻石，于是我们又有了咖啡、赭色……调色盘上的色彩一天比一天缤纷斑斓。

迄今我都不知道，不良于行的阿根叔是怎样知道植物的色彩之谜，又是怎样懂得深山中，遥远溪谷里石头的色彩缤纷？我从未问过他，等到我想问时，他已经不在人世了。也许，他也有田野间肆意奔跑的童年，也曾是阳光下浪漫的少年？一切只是我的推测。不管怎样，在少年时代的我看来，他真的好有学问。

因为买不起任何东西，一切所需皆出自勤劳的双手。阿根叔也教我制墨，把大铁锅的锅底灰刷下来，这种锅底灰极细腻，又乌黑发亮，为了增加一点粘性，需要混入一点糯米粉，再从桃树或松树上取胶，热水融化后混合黑灰，便是我们的墨汁。与古法制墨异曲同工，一样的好用。

我和阿根叔，我们用这些材料制作风筝，也做龙灯，做灯笼，阿根叔造型作画，我帮着找找材料打下手，后来也帮着糊纸作画。

阿根叔也会捏泥塑，他吩咐我去挖一种有黏性的泥土。这些泥土到他手里，马上变得活了起来，他常常捏塑桃园三结义，刘、关、张栩栩如生，又塑灶君、观音、土地公公和婆婆。泥塑干透，阿根叔给他们开相、勾脸、上色，边画边给我讲解。那些耳熟能详的演义故事，那些自己钻研的艺术技巧，承载着他卑微的尊严。

他还画得一手好画，非常写实逼真。阿根叔观察能力极强，见过的人过目不忘，熟记于心，像脑海中装了一架照相机，一旦想起其人，便可以描绘得栩栩如生。有时候我到他屋里时，他已画了不少村里人的像，男女老少都有，嘱咐我拿去给画中人或其家人过目。往往人家看了，都说"蛮好，真像！”一手接过画像，一手捞几勺玉米粉或拿几块玉米饼，让我带给阿根叔。其中虽间杂几分乡亲的同情悲悯，也总是因为他画得好，画得像。带回的玉米粉加水烧成糊糊，是阿根叔终年不变的主食。至于蔬菜，在农村能比较便易得到。田间地头，播下种子，经风露雨，便有得吃。我和养母讲一声，她总能允许我采摘一些带给阿根叔。

我和阿根叔，年龄相差近二十岁，他算我的良师益友。不过，因为日常相互需要，他讲故事给我，教我绘画，我照顾他的生活，彼此亲密无间，淡化了“师”的成分，更突出了“友”的关系。

古山镇四村小学只有初小，读完三年级，要升高小。我便到镇上去了。镇上小学，汇集了几个村庄的同学少年。因有阿根叔的启蒙，我比其他同学肚子里的货色多些，也会讲故事，功课总排在前三名。校长起初认定我出身书香门第。后来，他来家访，待见到我养父母，看到我家徒四壁的况景，非常意外。他并不知道，我真正的启蒙老师是贫病交加的阿根叔。

阿根叔的腿疾得不到医治，日渐严重，开始由下肢向全身蔓延，侵蚀更多健康肢体。先是双腿再不能移动，之后右手失去行动能力。此时，为了生存，他仍坚持作画，扎风筝和龙灯，只是改用左手。很快，左手也不再受控，阿根叔就此完全丧失了行为能力，终日瘫痪在床。

阿根叔的妹妹常常唤我去照顾他哥哥，但我在镇里读书，不能随叫随到。他好多时候吃不上一顿饭，喝不到一口水。一雨入秋，日渐寒冷的天气就像阿根叔面对的世态人情，他也终于在冻饿中闭上了眼睛，告别了生来不幸的人生。

阿根叔过世的时候，我在镇小学上课。后来，他妹妹告诉我：“我哥哥死之前，一直叫你的名字。他很想你！”

四、童趣和野趣

跳水

我的少年时光虽然极其贫穷，但“散养”的生活经历，磨炼了我坚韧不拔的性格，遇事不服输、不委屈，自尊心尤强。和现在的孩子们相比，甚至与同龄人比较，我的“野外”生活，因为更多徜徉在自然之中，感受山水之乐，对我以后的艺术创作极有帮助。多年后，我成为山水画家，童年所见所历，常付诸笔端。艺术来自生活，源于经历。追忆似水流年，记忆留痕，那些往事和童趣，是我曾经年少的明证，亦是我这一代人的独有经历。

我们村里受教育的人不多，养母坚持供我读书，我便成为村里年龄最小、识文断字的人。小学三年级，我已经能代人写书信。有个邻居大姑娘，二十几岁了，让我代写情书。站在我旁边，她说我写。可能她觉得我是个小孩，不懂，能够保密，也免去了尴尬吧！其实乡下人直白，不会咬文嚼字，写下的话我都明白。这事我倒是现在还记得。

我在镇里读了三年高小，是班里功课最好的学生，还担任班长和学生会主席。校长很喜欢我，看到我就有笑容，常招手让我过去问话。班主任胡福生教学有一套，永康县数一数二的好手，对我特别关照，遇到其他同学欺负我，他总呵斥他们。美术老师叫胡召贤，也因为我能画，常常把我的画给其他人当示范。我小学的记忆，就是自己功课出众，老师喜爱，同学羡慕，课余生活丰富多彩，精力无比充沛。

古山镇依溪建镇，上游筑太平水库，溪水奔腾向下，穿镇而过，水质清冽，滋养两岸，半数永康人的生活都依赖这条溪水。老早之前，溪上便建有一座三孔大石桥连接两岸。石桥很高，距水面至少三十米，下面溪水静流，深不可测。一般人从上面经过，胆小的都不敢向下看。天气炎热的时候，桥下常有乡亲游泳戏水。我也去游泳，我会仰泳、蛙泳，多数还是狗刨，但我有天心血来潮，要去桥上跳水，因为我以前和别人一样，都从岸边下水，假如从桥上一跃而下，那是多么出彩的事情。

我来到桥上，俯身向下张望，当天也有人在游泳，星星点点地分布在水潭中，旁边有人看着我，更激起我的好胜心。我没有片刻踟蹰，毫不迟疑地飞身跃下，急于去享受别人的羡慕眼光。感觉滞空时间很短，只是一瞬，我便落入水中。入水后的境况是我没预料到的，还没来得及回味刚才的惊险刺激，我惊慌地发现无法游回岸边。大概水流湍急，我入水太深，一下子失去了平衡，加上体重又轻，像一叶无根浮萍，随波向下游漂去。冒险成功的喜悦和骄傲，瞬间被失控的不安和恐惧替代。幸好附近有人游泳，乡亲胡子布最早发现我浮浮沉沉，看着不对劲，便飞快向下游追来，在距我落水几十米远的地方，他抓住了我，带我游上岸。后来乡亲们告诉我，如果跳水的地方，水不够深的话，恐怕就没命了。

我化险为夷，却意外成为了传奇。在我之前，没人敢从桥上跳水；在我之后，也没人敢跳。那是一次独有的经历，本村唯一一份记录。

刻印

童年的故事里有冒险，也有来自生活的历练，比如我懂中医、能刻印、会武功。

阿根叔的叔叔，叫胡必贻，是当地有名的老中医，俗称郎中，走街串巷行医多年。我因总和阿根叔在一起，就同胡大夫也熟悉起来。他喜欢我聪明勤快，乐于带我一同外出，也是让我帮忙，充当小助手。只要有空闲，我便跟着他出门行医。

胡大夫逐渐教会我许多中医知识，至今还能知晓一些草药的功效。他给我看草药的样子，告诉我这味草药的功效，我就进山去寻找采摘，回来晒干后，装进自制的小药箱。现在一般的中药品种，我大都认得出来，便是从小打下的基础。看胡大夫诊病，虽然不上心，但耳濡目染，也很快学会了中医四诊“望闻问切”。比如，我也能看人舌苔，推断人的健康状况，通常八九不离十。比如苔色紫红，多为肝部有患；苔色黄，内藏湿热，消化不良，是胃病的反映。日积月累，我的中医常识日渐丰厚，虽然没有帮人看过病，却对我多年来的养身怡情裨益颇多。

出诊时，胡大夫给人看病，我闲坐旁观，似懂非懂。那时，阿根叔还在世，我开始学习刻印，仍旧是他启蒙。

最初刻章，用料为木材而非石材，因为本地到处可见酸梨木，此木直式纹路，软硬适中，方便雕琢，随便砍下一枝，阴干备用，即够削成十来个章料。我随身携带，同胡大夫一起出诊。他诊病时，我因为无所事事，便坐在边上刻章。有时一天能刻两方章，乡人用于签押，好坏是无所谓的，他们会拿一些吃的东西交换，比如玉米粉，我带回家吃，有时也送点给阿根叔。

很多人不相信我会刻章，那时毕竟年纪小，十一二岁的小学生嘛。胡大夫一边看诊，一边帮我宣传，他说：“振郎，你刻给他们看看。”我便趁机拿出工具，当场操作起来。工具只有两件，一把勾刀，一把平刀。我手脚麻利，往往很快刻毕，取出随身携带的印泥，轻轻一按，鲜红的名字便跃然纸上。这种自制印泥，水份多，容易化开，但不影响使用。

练功

永康方岩山上供奉“胡公大帝”，逢八月十三、九月重阳，都有集会和表演。附近村镇，方圆数十里的，都举家前来，算是难得的娱乐。连不少外地人也被吸引，远道赴会。在那天，养父把自己装扮成罗汉，给我穿上小生的行头，着彩衣，戴巾帽，放在肩上，驮我上山。这是我与养父极其罕见的亲密接触。一路同行，也有人踩着高跷。山路上熙熙攘攘，人潮摩肩接踵，喧嚣鼎沸。

胡公庙前，逢这两个节日，有各种表演，也有竞技，常常是村与村之间的擂台赛。事关荣誉，参赛者都全力以赴，几乎每年都有人员死伤。然而，这些惨痛事故不但没有影响次年的庙会规模，由此带来的刺激反倒更加激发乡民情绪，热情似火，有增无减。

新中国成立前永康土匪横行，加之连年内战，社会动荡，治安混乱，各地唯有自保，纷纷建立民团武装，看家护院。当时各村都有洋铳队、大刀队、轿子队、罗汉队，等等。赶庙会的时候，他们都来，吆五喝六，比拼一番。其中数大刀队最神气，大刀各式各样，长柄短把，直刃弯勾，很让人开眼界；为村里权贵抬轿子的，既是轿夫，也是保镖，身强力壮，还要会功夫；罗汉队里有高跷队，踩高跷要技巧，身形灵便，也需会些把式。

永康"尚武"氛围非常浓郁，每村每户农闲时都练武，一式排开，规模庞大，气势磅礴。我小时候看村民练功，扎白布腰带，着练功鞋，出拳收腿，整齐划一，号子震天。天热就赤脚赤膊，太阳照在褐色肌肉上，生机勃勃，很让我羡慕。

我稍大些也练功。和别人不同，我不属于人高马大那种，于是琢磨研究如何以弱胜强，很快让我摸到了门道。学功夫，身高气力固然重要，但技巧往往能起到四两拨千斤的效果。和别人对抗，首要的是稳定自己的支点，保持平衡，守护重心，身体稳稳地站住，像钉立在地面一样。常见高手走梅花桩，走得行云流水，游刃有余，通常就是掌握了这个奥秘。殊途同归，向对手发起进攻，若要取胜，必须破坏对方的支点。其次是借力打力，我年龄小，个头不高，在对抗中能够取胜，必要借助对方的力量。每逢动手，我记住这两点，不能说无往不胜，也很少落败。

我在岳阳路上海中国画院工作时，不知因从何起，同事间流传说我会功夫。那时也没啥娱乐，年纪也轻，就有同行开始逗趣，找我切磋。我知道自己的斤两，就这几招，应付一般人可以，真要碰到门道中人，那就可想而知了。因此每遇这种情况，我都声明就玩一次，免得被人看穿门道。我记得曾先后与杨正新、钱茂森、邱陶峰、孙大伟等人"切磋"过。

在沪上画家里，大家都是文弱书生，我因此得以经常取胜，其实真正的高手都隐而不彰。如张大千高足胡若思老先生，我看见他每天都在画院的草地上练功，持之以恒，常年不懈，据说他的功夫很深。

爬树

我的童年生活单调而贫穷，但当时农村贫困，生产力低下，大家的生活都好不到哪里去。在极为贫穷的生活环境里，也有为数不多的乐趣。

一次，我照例上山打柴，约了一个同学。我们戴着斗笠，拿着一根小竹竿，沿山路，且走且嬉笑玩耍。我们来到一株大松树下，树枝粗大，两人才能合抱，茂密高耸的树冠上，有一个巨大的鸟巢。看样子至少有百年树龄。那时这样的松树并不罕见，常常看见松鼠捧着松果，在树间跳跃欢跑，一转眼又不见了。

我抬头仰望，心想：鸟巢真大，得多大的鸟才需要这么大的巢。要是打下来，足够家里三天的用柴，如果有鸟一起捉了，那今天的收获就大了。剩下的时间，还可以继续在山里玩耍。

我说了自己的想法，同学抬眼观望了一阵，面露难色。在他看来，树高巢高，距地太远，要爬上去很困难，也会有危险。况且鸟巢如此大，不知道是什么鸟的窝？窝里是否有幼雏？万一取鸟巢的时候，巢主回来怎么办？但我却跃跃欲试，凭我的经验，不说易如反掌，也绝不艰难。我很小就会爬树，山里的孩子几乎都有这种本事，我的同学可能胆子小，所以才会犹豫。我将两条绳子绑在脚上。爬树的所有力道都在绳子上，绳与树之间有摩擦，身体的重力加大两者之间的平衡。手并不使力，只是在换脚时，用来稳定身体和把握方向。

我像小松鼠一样敏捷，手脚并用，很快便接近鸟巢。目标就在眼前，我一只手抱牢树枝，腾出另一只手拿竹竿去捣鸟巢。猛然，仿佛乌云压顶，头顶的光线被一只大鸟的翅膀遮住。我和同学同时看到了这只庞然大物，也就是鸟巢的主人——一只鹰。我们都非常惊愕，不知道它何时出现的？但还没有反应过来，它巨大的羽翼已向自己横扫过来，如同刮过一阵飓风。

我人在树上，躲闪不及，头顶的斗笠应声而落，而我，在树下伙伴的惊叫声中，失去平衡，从树上重重地跌落。

巧的是，幸好树下有座稻草棚，我落在草堆上，再弹到地下，惊吓和疼痛使我赶快逃去，连斗笠和竹竿也不要了，还是小伙伴帮着拾取给我。老鹰扑腾了几下，又飞到了树上。

还有一次，也与松树有关。我家乡松树多，松树上有许多树洞，有的就是松鼠越冬的粮仓。扒开树洞，往往有意外收获。那次，我亲眼见到一只大尾巴松鼠，沿着树干飞快钻进树洞。因为想捉这只松鼠，我找来火钳，探进树洞去夹松鼠。洞很深，我把火钳尽力向里探。凭手感知道夹住了。因为看见松鼠入洞，想着必是它无疑。谁知，随火钳带出的竟然是一条蛇。我的脸和蛇近在咫尺，手一松，那条蛇落到地下游走了。在乡下，蛇是最令人生畏的动物，我唯一一次与它如此近距离接触，吓得不轻。事后，我庆幸，还好没有伸手去抓松鼠，否则必遭蛇咬。那条蛇有没有毒，当然无从知晓。

像这样的童趣和野趣，要说起来还有很多，回忆起来，颇觉神奇，也颇有乐趣，俗话说“大难不死，必有后福”，多少有点道理。其实人有很强的生命力，并不会轻易逝去，但更加不要胡来，大难不死往往是幸运，需要我们珍惜。

五、工作队来了

张队长

1949年10月，我读小学五年级。此时永康，正是一年中最好的时节，秋高气爽，田野里一派丰收景象，身边热烈喜庆的氛围一天天浓烈起来，红色元素日益增多，解放了！之前陆续传来各地的消息，说共产党来了，解放军来了。乡亲们知道，永康也会等到这一天。天翻地覆，当家作主，对于穷苦百姓，这是好事情。

我最早见到的共产党是工作队。大部队还在进行解放战争，摧枯拉朽，兵力不够，各地都是先派工作队。

以前我应该也见过共产党。说“应该”，是因为那时是地下党，谁也没有公开承认过自己的身份。我亲眼见到过一个地下党被土匪枪杀，尸身推下水的惨状。工作队就不同了，他们以胜利者的姿态进村，从县里到乡里都有人陪着，乡民清楚他们是来这里做官的，今后都要听他们的话。工作队队长姓张，山东人，一路打仗南下。整个工作队，只有他配一把枪，挎在腰间，威武又威风。

工作队进驻古山镇的第一件事儿就是摸底，开大小会议，划家庭成分。

张队长逐门逐户走访，来到我家，看我家家徒四壁，大风把墙壁都刮裂了，屋顶瓦片残破，遇到下雨，要用瓦盆叮叮咚咚地接水，屋内只有一张破床，挂着破帐子。当然，他也不甚惊讶，走访中，他见过太多这样的贫寒家庭，更穷苦的也有。他后来说，革命的目的就是要让贫苦人过上好生活。最后，连资产都不用统计，当然也无资产，我家毫无悬念地划为贫下中农。我长大后了解到，列宁的话："阶级的标准是一个纯而又纯的经济标准。划分阶级的最重要标准是生产资料占有关系。" 1950年8月4日，政务院第四十四次政务会议通过的《关于划分农村阶级成分的决定》，将农民以家庭为单位划为地主、富农、中农、贫农。我家划为贫下中农实至名归，是最低档。

划分阶级成分之后，着手土改，很快开始分田地。我家也重分了土地。养父、养母和我，三口人，一亩四分地，完整的一块，用来种粮。还有一些荒山下坡小块的自留地，种菜和杂粮。工作队来了，穷人真正得到了实惠，因此说共产党好的，都是村里的贫下中农。

工作队来了之后，我时常去队里玩。张队长很喜欢我，经常拍拍我的头，像电视上首长面对"红小鬼"的样子。他到人家家里去，我会跟着去，顺便带路。他有北方人的豪爽，又有军人的雷厉风行，我们相处很愉快。再后来，他干什么都带着我。只有一次，我没有跟他去，什么原因忘记了，那天他去捕鱼。

古山镇溪水中的鱼很多，也好吃。张队长去捉鱼。鱼跑，他追，追不上。结果他想到一个办法，用手榴弹去炸鱼。真是军人的鲁莽。不知怎么，没炸好。现场细节没人看到。总之，他就这样牺牲了。我知道后，觉得非常可惜，每次回忆起他，就想：如果我和他一起去了，我帮他捉鱼，他就用不着手榴弹了，也不会死。

张队长是我正式接触的第一个共产党干部。一年后，解放军进驻古山镇，大部队来了。毕竟是部队，和工作队真是两样，有气势，荷枪实弹，军纪严整。

公审大会

为庆祝解放，喜迎解放军，美术老师胡召贤让我画马克思、恩格斯、列宁、斯大林、毛泽东、朱德的画像。

他给了我几张报纸上剪下来的领袖照片，虽然模模糊糊，却是我第一次见到了他们的容貌，第一次听到了共产主义的说法。他让我画在白报纸上，每个人物画一张。我用木炭作画，我那时已经掌握最初级的绘画技巧，知道用九宫格将小照片放大做样子。六张伟人大像画好，放在镇小学的大礼堂，正中的位置。解放军进镇那天，在大礼堂举行大会，领导站在台上，背后就是我画的六张画像，大出风头，从此我被叫作“图画大王”。

此时，我已加入少先队，还担任了队长，后来从少先队，到共青团，到入党，我一直积极上进，做各种政务工作，显得有一定的政治头脑和组织能力，这显然是穷人翻身具有的普遍动力，实践经历多了，能力也会提高。而且我的个性，要做的事情，总要想方设法、千方百计做到、做好。加上胡福生和胡召贤两位胡老师对我好，支持我，同学们都听我的，我做事更加积极。

其中最有趣味，最有影响的，我们还创办过业余剧团。第一场排演的《白毛女》，节目应时应景，效果也好。演出过几场，大家通过我们这个戏剧，才知道了喜儿、杨白劳、黄世仁、穆仁智这些不同阶级的经典人物。我是业余剧团的策划，还负责剧务。当时并没有剧务的名称，实际上没人干的活，都是剧务的事情。比如各式道具，都由我去张罗，往往就地取材。

舞台简易，用两支长竹竿撑起床单，就是幕布；地上铺几块旧木板充当舞台。年三十，除夕夜，杨白劳从外面回来，北风怒号，大雪纷飞。我们在后台奋力挥动竹篾，发出风声，非常逼真。诗经里说“蒹葭苍苍”，蒹葭就是芦苇，苍苍就是多。乡下芦苇漫坡生长，毛绒绒的，唾手可得，采来，往舞台上一吹，哪怕江南仲夏，台上也能如鹅毛大雪。

可惜没人给我们发钱，剧团难以维持。每次去乡下演出，实际上也是募捐，有时候也卖票。有时，演员会带上篮子，问观众讨些小钱或食物，聊胜于无。因为演得精彩，乡民也无什么娱乐节目，演出倒颇受欢迎，多少总能得到回报，这些小钱粮食，换来了喜儿和杨白劳所穿的衣服。

部队进镇之后，动员乡民开展土地改革、肃反运动，公审和枪毙了一些土匪、旧官员、国民党的军官……有的人的确很坏，过去欺男霸女，为富不仁，做下伤天害理的恶事。因为到后面有扩大化倾向，按现在的规矩，一些人本来不至于被枪毙，却成了枪下鬼。

古山镇的镇长叫胡宝中，也被押上台进行公审。乡民们积压的冤屈化成怒火，喷涌而出，一个个上台，纷纷揭露他的凶残，如何鱼肉乡里。

我养母也上台，讲了他的一件罪行。有次，我养父穿了件新衣裳，不知谁告到胡镇长那里，认为他穿不起，一定是偷来的。镇长信以为真，就把他叫来询问，我养父这个人一贯游手好闲，惹是生非也常有，偏那次他规矩得很，衣服是自己买的，却无端被冤枉被欺辱了。他自然不能承认，结果被镇长叫人吊打，刑讯逼供。又惊又怕的养母，就去求镇长放人，镇长不但不允，一边骂，一边用力推了养母一把，养母本来个子小，人瘦弱，没有防备，被他一推，重重地摔了一跤。

养母还曾经请求过古山镇四村的村长援手。后来，在村长的周旋之下，养父被放回家。村长有个儿子，比我大好几岁，就是救我出水的胡子布。他喜欢画画，新中国成立后当上了美术老师，当时教书很在乎出身，可是他一是画艺高，二是当村长的父亲没做什么坏事，大家认同他。我与胡子布一直有联系，如今他已经是九十多岁的老哥了。

养母讲的是她的经历，其他人遭遇的事情可能更残暴。镇长被枪毙了。在国民党治下，那些镇长十有八九结纳官府，勾结土匪恶霸，欺压相邻。少数有些良心的，多少读过些书，他们在夹缝里求生存，新中国成立后的日子也不好受，逐渐交了权，只求过个太平日子。

记得一同受审的还有个国民党的营长，是我们村里人，新中国成立前夕脱离部队，逃回了村里，也向工作队登记过了，手上没有血债。可是营长算不小的官职，一有风吹草动，总要想到他。一次集中枪毙反革命分子，他也是其中之一，被绑上绳子，列队其中，押赴刑场。乡民们都去看热闹，我也去了。枪响过后，他随左右几个人一起应声倒地，但其他人真死了，只有他身上没中子弹，原来是陪枪毙的。不过，人也就此吓出一身毛病，从此深居简出，极少与人交往。当时营长被押走的时候，我就有些惊讶，难道他要被枪毙了？他对我并无欺压行为，也没听说过他做过什么坏事。果然，最后虚惊一场。

图1　1996年胡振郎创作的胡公画像（年画）

1	2
3	4

图1 2016年胡振郎手绘：《同养母一起赶集》
图2 2016年胡振郎手绘：《晚上陪养母打草鞋》
图3 2016年胡振郎手绘：《养母的葬礼》
图4 2016年胡振郎手绘：《陪阿根叔放风筝》

图1　2016年胡振郎手绘:《听阿根叔讲故事》
图2　2016年胡振郎手绘:《跟乡村郎中学中医》
图3　2016年胡振郎手绘:《劳坚清先生教我写生》
图4　2016年胡振郎手绘:《走上流动铁匠之路》

1	2
3	4

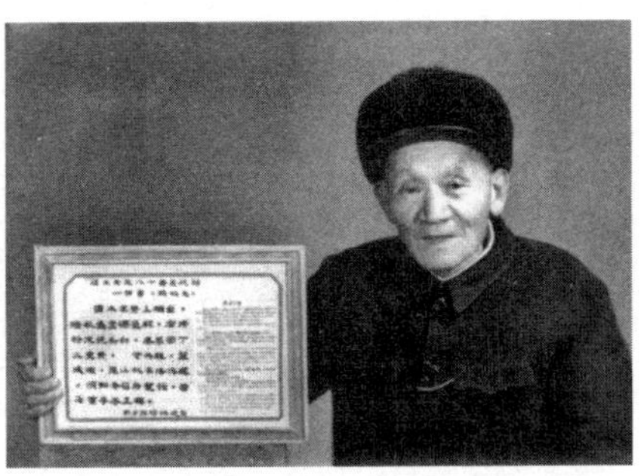

1 2

3 4

图1　1950年冬，胡振郎（左）读小学时与同学合影

图2　胡振郎读古山小学时最尊敬的胡福生老师，胡先生后任古山中学校长，1982年逝世，享年八十岁

图3　1992年夏，胡振郎（右）与病重的哥哥在永康老家的最后一张合影

图4　1980年春，胡振郎与夫人王桂珍回家乡永康探望继母

图1 1984年胡振郎创作的山水画《春晓》入选第六届全国美展，获“佳作奖”和上海市首届文学艺术三等奖

图1　1985年胡振郎创作的山水画《家乡雨露》获1985年上海市大型美术作品展一等奖

图1　2017年10月，时年八十岁的胡振郎重返家乡浙江永康胡塘下村老宅，在出生时的旧宅门前留影

第二章　读书立志

一、金华一中

考取金华一中

1952年下半年，我即将读完小学。一般的永康少年，小学毕业后，不再读书，通常去学打铁，我周边的小伙伴有几个已经开始拜师学徒。我却想继续读书，考中学，上大学。这是我自己为人生谋划的第一次抉择。

一解放，古山镇就建了初中，叫永康县第二中学，是其他地方的中学移过来改的名。金华地区，最著名的是浙江省立金华一中，声名赫赫，很难考取。不夸张地说，谁要考上金华一中，算得上一件光宗耀祖的事情。

胡福生老师担任二中校长。他了解我家庭状况，担心贫寒的家境，会促使我辍学工作，养父母也会让我分担家庭重担。他的担忧，也是我所担心，只是我明白自己的家境，万难向父母张口说明。令我又惊又喜的是，在一个炎热夏日的傍晚，暑气稍歇，胡校长不请自来，亲自登门说服我双亲。

我家连个像样的坐的地方都没有，胡校长进门，便站着与我父母说话。他对我养父母说："像振郎这样聪明的孩子，你们要让他读书，否则可惜了，白白毁了他的前途。"我养父闷头不响。养母实话实说，说家里困难，读书不但不赚钱，还要花费，家里没有这个能力。校长说："我们也讨论过了。振郎来读二中，不要考，直接就可以入学，学费也不要交，给减免了。"原来胡校长有备而来。

养母疼爱我，早就知道我想读书的心愿，加上校长这样表态，喜出望外。养父也没反对。他们答应我去读中学。我站在边上，听大人们说话，看到交谈的结果，开心极了，好像又懂事多了。只是，他们不知道，我的目标还要更高一些，我要做一件事，总要追求最好的结果，打小就是如此，现在想想也不知道当时哪里来的底气，也不知道这算不算理想信念，如果算，理想信念的坚定性又来自何方。

我想考的是金华一中。

考一中，摆在我面前有两项困难：首先是家喻户晓，一中难考；其次是费用，上二中不但直升，没有学费之忧，且离家近，食宿也无须额外负担，一中不一样，离家有一百多里远，必须住校，要交学费，住宿和吃饭也得花钱。

这些困难，在我心头一闪而过，过往的童年经历，教会我行动比周全思虑更重要，很多事情车到山前必有路，先开车，再看路，车都不开，有路没路咋知道。

我瞒着大人，边走边打听，往返跑了二百多里路，第一次到金华一中，参加入学考试。那一年，一中招考两百人，我考了第三名，名字在金华报纸上刊登出来，很光荣。

考试成绩发下来，我觉得对胡福生校长很抱歉。胡校长倒是为人大度，也真心为我好，丝毫没有抱怨我辜负他的好意，为我考上一中高兴不已，不停地说："好啊！好啊！考上金华一中，这还得了！我一定支持你去。"

我看校长没有责备，还极力支持，非常感激，可是新的苦恼仍然困扰着我。我说："入学通知书上写着，报到时须交学费十六元，每月伙食费十二元，我没钱，怎么办？养母生病，家里也拿不出学费和伙食费。"想到这些，几乎绝望，先前的喜悦化为乌有，于是想到留一条后路，"实在不行，我再回到二中来读"。那时候大家都穷，校长也没钱，对我爱莫能助，于是鼓励我说："不管它，开学就去报到。去了再说。"

与同学合盖一床棉被

秋高气爽，碧空如洗，收稻子的时候，我出发去金华一中报到。那天，我脚上穿一双自制的草鞋，带一捆玉米棒，一袋玉米粉，用小扁担挑着。小扁担既是我的工具，又是走夜路的防身武器。我挑着它，走一百多里山路，从古山镇到金华。

时隔60多年，我今天仍能回忆起那天的经历。清晨五点，我拉开家门，山间雾气正浓，牛奶般氤氲流动，瞬间清爽地扑盈到我脸上。我转头，在湿重的炊烟中，与养母告别；一路上，雾色渐散；走到太阳升起，雾气全消，就到了永康。到金华是在八个小时后，下午三点钟的光景，日已过半，在心怀忐忑中找到学校。

金华一中的校门，在开始西斜的日光中非常绚烂，也很雄伟。我特意在门前多看了一眼。这所学校创立于1902年（清光绪二十八年），是所百年老校，浙江省重点中学。吴晗、陈望道、邵飘萍、冯雪峰、艾青、曹聚仁等近现代名人，都是一中的知名校友。金华一中也出过画家黄宾虹、方增先，再加上我。

进了校门，一派忙碌景象，新生们都在报到注册，交学费，交住宿费和伙食费。我没钱缴费，但事已至此，只得将自己的情况，向报到处的老师解释了一番，特别说明：自己出发前就做好了心理准备，如果因交不起学费不给办入学手续，我就打道回府，绝不怪罪学校。老师很同情我，马上向教务处请示，教务主任同意我先注册。

报到完，进宿舍，同学们都在忙着铺床，放行李，整理用品。我啥都没有。家里三个人就只有一床被子，我如果拿来，卧病在床的养母怎么办？在同学们哜哜嘈嘈地忙碌，和来自各地口音的交流中，我冷清地独自坐在光板床上，一声不吭，也无所适从。有热心同学留意到我，问我情况，我也含糊其辞。

一会儿，来了一位老师，四十多岁，戴着眼镜，是我们的班主任，新中国成立前做地下工作的老革命，叫项雷。大概是同学们把他叫来的。项老师问了我的情况后，无奈地叹口气，显然他很同情我。

他说："我先给你拿饭票，解决吃饭问题。学费你不用担心。"

此时，项老师又发现，我不光没有铺盖，连基本的文具、纸笔也没有。又进一步安慰我不要着急，说他来安排。很快，项老师去而复返，手上拿着一条草席和一床旧被单，留给我用。同学们也聚拢来，和我交谈，我第一次体会到集体生活的乐趣与温暖。当晚，项老师离开时，已经接近熄灯，忙碌和兴奋了一天的室友陆续入睡，静夜中轻微鼾声此起彼伏，我走了一百多里山路，也很疲累，却睡不着，一夜无眠。窗外，风把云推开，明月高悬。

开学一周之后，项老师找我去他寝室，问问我在学校这几天的情况，类似于如今的思想工作。他也讲述他的经历，具体内容早就忘了，但他鼓励我这样贫苦出身的孩子，要自强不息，这一情景仿佛历历在目。他说，已经将我的情况报告给校领导，正在帮我申请减免学费，申请助学金。很快有了消息，我的学费免除了，每月还能领到十二元甲等助学金，解决了伙食费问题。

我的学习生活开始步入正轨，一切秩序井然，按部就班。一年级共分五个班——甲乙丙丁戊。班次仅是个流水号，无优劣之别，我在丙班。

因为一无所有，日常很多小事，于我都成了需要面对的困难。过了重阳，天气转凉，我遇到新问题——没有铺盖。幸好，一位来自武义的同学主动提出和我同睡。宿舍里是九十公分宽的上下铺。两个十几岁的孩子睡在上铺，合盖一床棉被，从入秋，天气渐凉开始，经历四季中最冷的日子，合度过几个月的光阴。

如今回忆起来，不胜悲凉，六十多年前，在金华一中读书，我就连基本的温饱都需要他人援手。遗憾的是我不记得那位同学的名字，毕业后各自飘零，从未再见过他，但时常想起这一段生活，总会感觉只有在那个年代才会有的温暖。我非常感激他。

人情冷暖，在哪里都一样。下铺住着个“小开”同学，家里经济条件较好，觉得我无依无靠，不时欺负我，一般我也不计较，与他少来往就是了。有次这位同学实在太过分，居然对我动手，我也年轻气盛，和他对打起来。他不知道的是，我还有点功夫，一旦动手，他根本不是我的对手。从此就太平无事，再没人敢招惹我。

除了班主任，学校里还有两个老师很喜欢我，都是教艺术的。一位音乐老师，一位美术老师。这两人关系也不错，还是好朋友。音乐老师长得漂亮，名字也诗意，叫詹星光，很受欢迎。班主任项老师调去高中部担任政治课老师后，她就是我们的新班主任。美术老师叫劳坚清，劳老师看中我的美术才能，经常带我出门写生，去金华大桥、浮桥和侍王府，也去郊外写生。他创作时还让我充当模特，劳老师有一幅水粉画《远方来信》，我就是画中小孩儿的原型。我有跟阿根叔打下的美术基础，开学不久，就加入校美术小组，有了第一次画石膏素描的经历。

中学时候，适逢青春期，正是男孩子的叛逆期，也是一个人“三观”形成的最初时期。我并未因家境不好，而形成敏感自卑的个性。如今细思，多得益于自己的聪明勤奋和老师偏爱。我因努力，在学业和活动中总能拔得头筹，老师偏爱使得调皮势利的孩子不敢轻易欺辱我。少年锦时，第一学期就这样愉快地匆匆而过。

农历春节之后，一年中最冷的时节，第二学期开学。过年回家，除了与养父母团聚，我还有一件心事，不好再打扰同学，我得自己解决被子问题。好心乡民，左邻右舍给我凑了一床棉被，我又置办了一只搪瓷小脸盆，带着这些基本家当回到金华，开始又一个学期的生活。除此，我身上还罕见地有了五元钱。五元钱是养父的妈妈从积蓄中拿出来的。当时物价便宜，一支牙膏只要三分钱。这五元钱，于我算是巨款，整整用满一个学期。

这个学期，我学费、住宿费、餐费仍然不用操心，但是有些变化。俗话说“不患穷，患不均”，有同学嫉妒我的甲等助学金，风言风语不少。项老师解释过几次，仍未平息。为了不使爱护自己的老师为难，我主动提出改为每月九元的乙等，同学关系才得到缓和。

夜路过坟地

1953年，我养母病体日沉，病情越来越重。我放心不下，经常周末回去照顾。周五傍晚，我在学校吃饭，吃食堂。我们是大锅饭，大家围坐，饭装在木桶里，有几个菜。我总是吃得匆忙，用缸盅装好饭，等不到菜上齐，有就夹一点，没菜就算了。然后走出校门，六点多上路，回古山镇四村。一百多里的山路，每次都从暮色四合走到天光破晓。

途中路过坟地，经过沟壑，山路情况复杂，雨后更加泥泞难行。起初几次，战战兢兢，颇为胆怯。走多了，路熟了，有时月色皎洁，万籁俱寂，让人心生飘缈仙逸之感，虽然害怕，倒也美好。偶尔夏夜晴朗，坟丘间一团团无根鬼火飘摇浮动，影影绰绰，像无数诡异的眼睛窥视着我。见多了，不像第一次那么害怕，但也总会加快脚步。我后来知道，所谓鬼火，是亡者枯骨里含有磷，磷元素燃点低，条件适宜发生自燃。鬼火白天也有，但因没有明暗比对，不易发现，也没晚上那么玄虚，森森可怖。

刚解放那会儿，教育宣传还没来得及跟上，科学知识普及度远没现在高。民众迷信，乡下尤甚，各种鬼怪传说广为流传，神乎其神。也难怪，几千年国人敬畏自然，鬼怪观念早已根深蒂固，但我一直不相信有鬼，这与我童年在家乡耳闻目睹的几件经历有关。和别人不同，我抽丝剥茧，明了实质之后，就坚定地确知世界上没有鬼。

以前，我们村外路边有驿亭，供行人往来休息。某天开始，传说亭子里闹鬼。有乡民绘声绘色地描述，说远远观望，模糊中居然得见鬼的样子：长发凌乱，不见其脸。因为不止一人坚称亲眼所见，有鬼的结论变得不容置疑。渐渐地，大家都知道驿亭晚上闹鬼，避之不及。

村里有个杀猪师傅，杀猪是见血光的活儿，师傅胆子特别大，毫无忌讳。惯例，杀猪要天亮前杀好，天光破晓的时候，五点钟左右上市出售，所以师傅出门早。据他后来向大家描述，三四点钟，师傅路过驿亭，仿佛间看到里面有身影拂动。杀猪师傅手里有刀，平时也是干结果性命的营生，并不害怕。缓步凑近去看，那“鬼”感觉有人接近，反而害怕，有些躲闪。没待完全看真切，杀猪师傅先下手为强，挥刀向“鬼”砍去，“鬼”惨叫一声，落荒而逃。杀猪师傅因有工作在身，就没去追索，继续赶路。

到了市场，杀猪师傅向人炫耀，说："我昨天把鬼杀了！"

一般乡下习惯，认为天亮是一天的开始，所以师傅把凌晨发生的事情说是昨天。听众中有好奇者，决定去看看鬼长成啥样，来到驿亭。地上一摊鲜血，追踪血迹，穿越荆棘灌木，最后寻到河滩，看到一个女子倒卧地上，气息全无，已经死了，身上刀痕明显，和杀猪师傅的描述一模一样。再细看，死者头发特别长，凌乱肮脏，衣着褴褛，是个没人照管的疯子。真是可怜！

疯子可悲可怜，杀猪师傅误杀她也属错手。西方有句话，用刀者必死于刀下。后来杀猪师傅的结局就应对了这句话，却也让人唏嘘。

我少年的时候，浙南山区还有很多狼，有的单独出没，有的三两结伴，我就碰到过。那次我沿着大溪岸边行走，遇到一头独狼，离我三十米不到，停住，彼此对视很久。它伺机欲动，我冷静应对。狼怕火，进而对一切红色都心生畏戒。我和它对峙了一阵，突然撑开手中的红色油布伞。狼受惊，跳到水里，落荒而逃。

杀猪师傅也遇到了狼，情况比我复杂。他清晨出门，路上想解大便，于是离开大路，钻进两垄玉米地之间的空隙，杀猪的装备没有随身，放在了一手以外。从后来找到他尸体的情况来看，发动攻击的不只一头狼。应该是一头在前，吸引他注意力，后面的狼发起袭击。狼是聪明的动物，讲配合，懂团队作战，蒲松龄的《聊斋》里把它写得多有头脑。

另一件事也发生在我家乡，我听大人说起，至今都记得。这件事说明了"鬼由心生""鬼吓人吓不死，人吓人吓死人"的俗话。

端午节前，家家户户包粽子，我们永康包粽子用竹叶，当地盛产竹子，叶子很大。说是几个女人聚在一起包，说说笑笑，便开起玩笑，在一个人的辫子上绑了一张大竹叶。晚上，劳动结束，各自散场回家。被绑了竹叶的女人也往家里走，总听到耳后有声音，紧贴自己。自己动，它也动；自己停，它也停。越想越怕，坚信自己遇到了鬼。脚步也越来越快。到家门口，飞奔几步，开门，迅速在身后关上，一口气松懈下去，就再没缓上来，倒地不起，死了。后来人们在门口拾起被夹掉的竹叶，相关人员一回忆，大致明了了她的死因。乡下常说“吓死了”“吓破胆”是有事实的，都是心脑血管应变失衡造成的猝死。

我很早就破除了迷信，不相信有鬼。每次从金华一中回来探望养母，走夜路，过坟地，虽然年龄小，也没那么害怕。

我走一整夜夜路，天亮望见家门。白天也不休息，一整天照顾养母，端汤送水，求神问仙。周日一早，再次动身，回学校，又从黎明破晓走到月上梢头。

养母看到我，情绪总会好些。她盼望我回来，我也担心她身体。后来，我回家的频度越来越密。自己心知，这样总不是办法，既无法全心照顾养母，也耽搁正常学习，加上生活窘迫。现实逼迫我在前途学业和奉母尽孝之间作出抉择。古人说忠孝难以两全，我感到自己无能为力，读书的可能，也许将来还会有，而母亲却只有一个，尽孝的机会只此一次。最终，我选择退学，万般不舍地离开了金华一中。

在浙江省立金华一中，我完整地读了一年书，虽然短暂，却弥足珍贵。爱护我的师长，质朴善良的同学，我最早接触的审美教育，以及属于那个时代我的少年情怀，都凝固在有关一中的流金岁月中。也因为有了这一年的经历，几年后我才得以报考大学，这是后话。

二、难逃铁匠宿命

手肿得像馒头

我辍学后不再读书，要走自力更生的道路。但我不想走其他人的道路，没有想过去学打铁，终生做个铁匠。我想自己会画画，能够借此谋生。最先想到的是，要开家照相馆，或者相片店，用九宫格画人像我也在行，这在当年还颇时髦。但开店经营需要资金，需要店面，我没有。

思前想后，还是决定先投奔亲友，一方面是为糊口，另一方面赚点钱也好给养母看病。

我十五岁，第一次找工作，去了绍兴下属的新昌县，我的养舅舅生活在那儿。养舅舅是我养母同母异父的弟弟，当年养外婆离开外公后，再嫁，生下的儿子，在新昌开了一间铁匠铺。舅舅很热情，留我住了一晚。第二天，他知道我要在此落脚，却面露难色，说："你年龄小，孤苦无依，舅舅很同情，但这里店小，人少，我自己当大师傅，已经有个中师傅，再养一个人实在为难。"舅舅说的是实情，我也理解。临走他给我二块钱做路费，还装了一包当地的小胡桃，嘱咐我路上吃。

我离开新昌，准备回永康，心中万分沮丧。路经临安时，心头灵光一动。临安离萧山已经不远，我决定去萧山找伯父试试，他是我养父的哥哥，名叫胡金枝，以前回乡来过几次，我知道他人好，在萧山开了一家以自己名字为字号的铁匠铺。

我就直奔萧山县河上区楼家塔镇。伯父的铁匠铺就在镇上，我知道名字，不用打听，沿街找过去，最大的一间就是。此时，我已经走了几百里路，草鞋穿破了几双。

伯父善良、宽厚，我总归是他自己的侄子，没说什么，将我收留下来，就住在家中。但伯母比较刻薄。伯父和伯母没有孩子，也收养了一个男孩儿，和我家的情景一样。这个男孩儿与我同龄，比我个头高，我来了之后，他大概怕我抢了他的地位，很排挤我。我在伯父家呆了两个星期，有一天，家里烧了一碗红烧肉，堂兄贪嘴，偷吃了几块。大人问起，他冤枉我，说被我吃掉了。我自尊心强，本来已经委曲求全，再受这种侮辱人格的诬妄，顿时怒火万丈，手头刚好有一柄砍柴刀，就向他飞扔过去。柴刀咣的一声落地，没碰到堂兄，但全家人都吓坏了。伯母不依不饶，伯父左右为难，他知道我呆不下去了，留心为我找个合适的去处。恰巧一个铁匠师傅收小师傅，伯父便让我跟了他。我内心感叹，真是兜兜转转逃不脱，我人生里总要有一段铁匠经历。

打铁有相对固定的流程和人员，一般是按照灶头配置。一个大师傅，算技术总监，司小锤；一个中师傅司大锤，专职捶打；还有个小师傅，多由学徒担任，管理炉灶，后期打磨，追讨货款。小师傅按照学徒的惯例，三年学艺分文不拿，做师傅吩咐的一切杂务，与打铁相关的，师傅和师娘交代的，都要干好，还要懂眼色，手脚麻利。三年里，师傅只管吃饭，必要时给买件衣裳。三年之后，由师傅评定是否出师，出师后才有微薄的报酬可拿。

我跟随师父做了小师傅。我的师傅是个流动铁匠，打铁行当里最苦的群体。酷暑严寒，走街串巷，居无定所，一副家当都在担子里。小师傅因为处在最下等，尤其辛苦。打铁的炉灶每天要重新清理，用黄泥不断垒砌，我总是天刚亮就起身，日日如此，周而复始；还要拉风箱，加木炭，这是力气活儿，也是技术活儿，木炭要浸湿，用黄泥包好，才能烧得久，更加经济；此外，小师傅要上门收货款。上门收钱真是什么人都会遇到，当时很多人家里都穷，该付的钱也不那么爽气，总要人为设置些小障碍。有时我走很远的山路，爬坡下谷，也收不到钱。极个别恶劣的，还刻意赖账，门口站着大狗不停咆哮。我空手而归，又要受师傅训斥。

流动铁匠生活条件差，卫生没有保障，经常受到疾病侵害。冬天尤其苦，自然环境恶劣，加重了患病风险。打铁是手艺活，我的手长期裸露在寒风中，干裂了，满手都是深深的血口子，又沾水，又碰煤土，干起活儿来钻心刺痛。危害最大的是磨刀，铁锈从开裂处渗入皮肉，发生感染。那年，我的手肿胀得像个馒头，吃饭的筷子都握不住。活儿干不了了。

我很害怕，心想再发展下去，不会死了吧？辞别师傅，回头去找伯父。

“伯父，我的手！”我伸出手，伯父看我的情况，大吃一惊，只有城里有卫生院，赶紧带我去见医生。

医生开了一刀，从患处流出大量脓液。医生说：“这么严重，还好你来得早，再晚一点，血液感染，得了败血症，就没救了。”医生给我消炎，把我的手包扎好，让我动一动，看我的手能动，松了口气，接着说：“你真是好运气，这里刚好有神经，如我不小心开到神经，这只手就残废了。”许多年后，我考上浙江美院，后来当了画家，靠手吃饭，每每忆起这段经历，既庆幸又后怕。离开前，医生交代我每天过来换药。因为要留下换药，我便没有再回到流动铁匠师傅的身边。

我当小师傅没有收入，所以看病费用也是由伯父负责。不久，传来养母病危的消息，我心急如焚。伯父悄悄给我路费，让我赶快回去，把养母的后事安排好。

进了铁工厂

我马不停蹄，回到古山镇四村，养母已是弥留之际，料理好她的丧事，我又返回萧山楼家塔镇。

此时，中国大地正发生着翻天覆地的火热变化。1954年，手工业合作化开始，我伯父的铁匠铺合营进萧山县河上区铁工厂。萧山有名的铁匠师傅都收编进入了这家工厂。铁工厂共开六个炉灶，每个大师傅掌管一个，都是当地赫赫有名的民间工匠，加上中师傅、小师傅，一线从事打铁的有近二十个人。工厂和过去的私人作坊不同，是集体所有制企业，有规模，有管理，很正规。厂长、副厂长、会计等管理和后勤人员也有二十多个人。我伯父的"胡金枝"铁匠铺合营进去三个人，伯父、堂兄和我。

俗话说大难不死必有后福。如果我不是手掌感染，要做手术，还不会离开流动铁匠，不会回到镇上找伯父，也就没有后来进集体企业的机会。萧山那么多铁匠，能参加公私合营的少之又少。合进来的都算幸运儿，成了正式工人，有固定工资，工作条件有改善，环境稳定。没机会合营进来的羡慕不已。

我伯父技术好，知名度高，合营之后，在厂里当大师傅，很受尊敬。我成了萧山铁工厂的工人，看似这辈子就要继续祖辈的命运，当上一名小师傅，将来可能会成为中师傅，大师傅。在所有人看来，我的命运已经发生了极大改观，比起一同长大的伙伴，我不但读了书，还进了正式单位。在当地，这算我这个年龄的铁匠最好的职业归宿。

我第一次拿到了固定工资，每月十二元。在我是一笔巨款。据我所知，我们厂里最高工资是六十元，不是厂长，是技术人员，一位老师傅。建国初，百废待兴，很多行业，专业技术人员的待遇往往比管理者要高。

十二元钱的工资，生活费用去三四元，平均到每天就是一两毛钱，前面说过，牙膏才三分钱嘛。我还置办了点家当，买了一床新被子，一个小木箱。因为是自己买的第一件家具，充满感情，这个木箱用了很久，我非常珍惜，后来还带来上海，家里几次搬迁，历经数次装修，也没舍得扔，前几年运回永康，现在老家放着。木箱材质是普通山木，轻简，便携，我主要用来装书。买书是我当时的最大宗开销，有了工资收入后，我买有《中国文学史》，法国人写的《苦儿流浪记》等等，以及初中、高中的语文、历史教材。

厂里有集体宿舍，就在生产车间的阁楼上面。楼板就是铺位，下面开工打铁，上面每人挂一个蚊帐晚上睡觉。煤灰和粉尘充斥生活空间，空气很差。夏天闷热，蚊子整夜在耳边嗡嗡，指甲盖大的臭虫密集出没。我除了睡觉的地方，比别人多这么一口箱子。一箱多用，既能储物，也当桌台。

晚上下工，放上一盏煤油灯就成了我的小书桌。在大约四年的时光里，我在这个空间，自学不辍，完成了初中和高中的主要课程。记得由于通风不畅，灯芯燃烧不充分，在灯下看书，很费眼力，看久了，我总觉刺眼。

和其他小师傅相比，乃至在整个打铁厂，我都显得有些不协调，不合群。别的小师傅觉得我另类，和他们格格不入。他们吆五喝六地打扑克牌，或者晚上出去玩，去老酒店、香烟店，最初也拉我去，我拒绝几次后，就不叫我了。

工厂里，除了会计，我的文化水平最高。会计姓任，杭州人，以前在杭州的银楼做过会计，见多识广。新中国成立后，银楼公私合营，他因为出身不好，被排挤出来，到萧山铁工厂工作。我对任会计很尊敬，他对我另眼相看，相互之间比较谈得来，时间长了，我也学到些会计基础知识。

铁工厂厂长叫应小昌，知道我出身苦，同情我的遭遇；又看我技术不差，做出来的活儿质量高，对我印象很好。打铁工人往往没什么文化，行事粗俗，喜欢抱团，每帮人都有为首的，自以为侠义，如果手下人吃点亏，就要出头露面，扳回颜面。多年打铁练就的身板都比较强壮，遇事喜欢硬处理，因而常常有纠纷。我因为与他们来往不多，极少参与其中，加上他们知道应厂长比较关照我，很少为难我。

1956年，我在铁工厂加入共青团，当时只有十八岁，在一大帮子工人中简直鹤立鸡群，自己感觉干劲十足，政治上成熟，前途一片光明。

三、电线杆上的广告

临时会计

按说世事艰难，命运已经对我不薄，我早该接受现实，安心做个铁匠。并且我这个铁匠读过书，有文化，技术过硬，领导颇欣赏，干下去应有前途，其他人还都妒忌我呢。事实上，我后来知道，厂里的确已经考虑，拟将我作为后备干部人选，向萧山县手工业管理局上报。厂长说，别看胡振郎只有十八岁，他有文化有技术，根正苗红，我们应该培养他。

何况，那时我刚为厂里立了一功。

任会计是杭州人，那年春天他回家，走时没有任何异常，却迟迟不归。请的假早已用完，逾期很久，仍没音讯。因他出身不好，大家多少避讳，也不好打听。这样一拖，一个月的时间眼看就要过去。厂里的正常生产还在继续，每月要结算报账，会计工作必须有人来做，可是找不到第二个人可以顶替他。

应厂长对我说："小胡，任会计一直没消息，急死了！你能不能试试！"他平时看到我与任会计关系不错，向任会计学了一些基础会计常识，病急乱投医，让我应付一下。我内心盘算了一下，觉得可以试试，何况厂长看得起我，我更该表现一番。厂长看我点头，很高兴，吩咐我暂时不要打铁了，集中精力做报表。

等我正式接手，才发现真是知易行难。会计工作繁琐复杂，特别是成本核算，每样东西都不能疏漏，原料、人工、卖了多少、结余多少、工资、所得税、固定资产……要考虑的元素种类繁多，五花八门，哪里像我原来料想那样简单。

争强好胜的性格再次体现出来，我想，无论如何不能打退堂鼓，否则以后被人笑话。于是动脑筋，想办法，日夜加班，最终顺利完成任务。应厂长很满意，我自己体会到一种巨大的成就感。

任会计回来了，解释说：母亲过世，耽搁在家，因为通讯不便，所以未及告知厂里。任会计六十多岁，他母亲八十多岁，在当时也算高寿。这件事就过去了，任会计继续做他的会计。他看到我做的账，也很认可，对我刮目相看，说："不容易！"

这件事后，应厂长觉得我有能力，有担当，责任感强，遇事顶得上去，不安排我打铁了，帮着做行政管理工作。

此后，工资涨到二十元。厂子内部，生活还在继续，别人都是上班下班，喝酒抽烟，老婆孩子，过得不亦乐乎，我总无法融合进去与他们同乐，闲暇还是读书，也买了不少书。记得1957年，我看王蒙的《组织部来了个年轻人》，迄今印象深刻。后来反右扩大化，这篇小说被打为毒草，我还纳闷了一阵子。

人家看不懂我，觉得这个小青年虽然不错，但不合群。确实不知道为何，我总想着读书、读书，上大学。

电线杆上的广告

我们铁工厂附近有个竹编厂，主要生产竹编的暖水瓶外壳，里面一个工人与我认识，打交道并不多。一次他说有急事，找我借十元钱，我二话不说，借了给他。那时单身，我除了买书，没有其他开销，工资也不低，因此有点余钱。可是过了很久，他总不提还钱的事情。我不好意思多催，偶尔碰见他，他总躲闪，闪烁其词。

有一天，他说有钱了，让我去拿，我倒有些意外。下班后到了他家，房里一张床，一个板凳，别无他物。家里除了他，还有一个姑娘坐在那里。见了我，他又不提还钱的事情，寒暄一阵后，指着小姑娘说："你们认识一下，好好谈谈。”我一听，立马明白了，他想通过介绍女朋友来笼络我，借此不用还钱。我转身出门，我知道这笔钱是讨不回来了，想想有点心疼，在当时可是我半个月的工资啊。

还有一次，一位工人向我借钱，手头恰好有20张两角一张的钞票，都给了他。这个人倒是比上面那个好点，还钱了，但他还给我的，是20张2分钱票面的，因为借钱时也没见证，我无奈吃下这个哑巴亏。五十年代，虽然大家收入不高，大部分人都还本本分分，省吃俭用地生活。厂里这些爱动小脑筋，贪占别人便宜的人，我尽量退避三舍，但时不时会遇到，使我对其他人有了戒心，觉得这个地方不值得留恋。

1957年下半年，厂里派我去杭州出差买煤。我办完公事，看看还有时间，决定去杭州电力学校看望同学。当时这是所中专学校，我的同学任龙献，考上了里面的热门专业——农林电力。同学见面，相谈甚欢，再次激起了我读大学的念头。

出了校门，我们沿着西湖边行走。那时的西湖，湖光山色，微风拂面，大自然的野趣浓郁，没今天这么多建筑，电线杆子算为数不多的水泥物件，在那个时代，往往还充当着公共布告栏的功用。

在一根电线杆上，我看到贴着一则A4纸大小的广告。过了这许多年，我还清清楚楚地记得是“中国文学进修班招生广告”。

我看一眼，就动心了，停下脚步，和任同学商量，想去报名进修。他知道我热爱文艺，也知道我读书的念头一直没断，但考虑到我和他情况毕竟不同，我已经开始工作，受重用，似乎还有一个看似锦绣的前途。

任同学的建议非常谨慎，说：“这个班是私人办的，不像国家办的那么有保障。你要来学习，不是一天两天，要几个月，离开萧山，工作就没法干了，只有辞职。现在大家找工作都困难，有一份稳定的职业不容易，放弃工作，除非你将来考大学。”

这是我的人生话题里，第一次接触到考大学，虽是第一次提及，我却并不犹豫。我果断地说：“我想考大学！”任同学觉得这是一个重大决定，尽力劝我说："你回去再好好想想。"

回萧山，我一路都在思考，越想越觉得必须改变现有的生存环境，一辈子不能就这样过了。要靠自己离开铁工厂，考大学。

回到工厂，交了差，我又处理了一些杂务。虽然不打铁了，但事情仍然很多，终日不闲。我想，不能再拖延了，杭州进修班开学的时间日近。去，还是不去，的确是个问题。

那天我下了决心，找到应厂长："应厂长，打铁我不打了。"在厂里，一般说这话，就是不干了的意思。

应厂长非常惊讶，问："那你去干啥？"以他的经历和见识，实在想不出身边的人不打铁干啥。

我说："我想去考学校，读文学或者学艺术。"

应厂长觉得我这种想法很幼稚，不切实际，劝说我留下。

僵持了一会儿，我坚持说："我决定了，要去读书。"

这下，应厂长火了，脸一下子冷下来，他从办公桌抽屉里拿出几页文件，扔给我看。原来，厂里提拔我为干部的批复下来了，连同任命文件一起，刚送到厂长这里，难怪他火气这么大。文件上面还清清楚楚写着，我的工资涨到三十元。

"算我瞎了眼，"厂长看我还是坚持己见，冷冷地甩下一句，"癞蛤蟆想吃天鹅肉。"

应厂长这么一说，反倒使我原本的一点愧疚荡然无存，我这人一贯吃软不吃硬，我觉得追求自己的理想没有错。心想，若考不上，大不了回农村劳动去。

任会计和其他师傅也知道了我要辞职的消息，大家觉得惋惜，说："振郎，应厂长待你这么好，我们都看在眼里，到别处去，不见得更好。"

过几天，深感失望的应厂长托人传话过来，未免更加刻薄，"走就走得彻底，户口迁走，组织关系带回去。"

厂长的"户口迁走"，在当年无异于致命要挟。在铁工厂，我是城镇户口；迁回去，就要换农村户口，是身份的改变。很多人冥思苦想、千方百计、不择手段地将户口从农村换成城镇，我却轻易放弃了，让无数人扼腕惊叹。如今回想此举，既有我的年少气盛，更因个性里的豪气豁达。

我带着一点行李，一副铺盖，更多的是书，装在我的小木箱里，去投奔我阿哥。

此时我已经和同胞阿哥相认。能相认，靠的是养母的遗托。很多年来，我一直不知道自己的身世。但养母爱我，顾念我，为我着想。在她身体日渐衰微之时，想到的还是我的将来。

养母过世前一年，已开始为自己的身后事做准备。她向邻居具体交代了我的领养细节。她关照，她在世时，一定保密；她不在了，要原原本本告诉我。

1956年，养母过世两年后，有一次我从萧山回乡，邻居遵嘱，一五一十讲述了养母的谈话内容。我听了，首先是惊愕，在我身上原来还藏有这样的身世之谜；继而感动，感念养母的深情厚爱，对她愈加敬爱。

养母的遗托激起我的内心涟漪，使我再不能平静，寻祖觅宗的本能和人性好奇，促使我按照养母提供的地址，踏上了寻找出生地的路途。那是我第一次来到胡塘下村，六公里的距离，不用一个小时就到了。如今古山镇和胡塘下村通了公共交通，就只两站路远。原来一切离我这么近！

虽说近乡情怯，心情茫然，但我内心急迫，很想立即找到家人。于是进村疾走，四下寻找，我根本都不用人引路，也不用人介绍，见到一位老人家正坐在门槛上抽烟，我确认他就是我的亲生父亲。与我一样，父亲也一眼就认出，我就是那个当年不得已送人的孩子，他的眼泪就流了下来。我也认出了他，我们父子长得实在太相像。我叫一声“爸爸！”父子俩唏嘘不已。后母闻声从内房出来，看到我，马上明白是怎么一回事儿。我一时不知道该如何称呼她。后来我哥哥也来了。

这是1956年，我知道了自己的身世，见到了生父和哥哥，加上后母，一家四口住在一起，倒也其乐融融。但这一段天伦之乐，只有短短的几天时间。

一次哥哥说带我去看看姑妈。姑妈住在青山口镇，离胡塘下五公里，要往山里走。我姑妈很疼爱我。早年她自己没孩子，一心想领养我，奈何公婆反对，坚持让她领养了一个低能儿。因此，姑妈对我别有一种偏爱。我读大学时，她在经济上帮我很大。我阿哥也总去看望她。

不久父亲突发腹痛，剧痛难忍，有人说他是疼死的。我后来想，他可能是患了急性盲肠炎，或者胆结石也有可能。父亲过世后，我后母独自生活。2016年，后母一百零二岁，还来上海我家住了几天。这年8月18日老人家寿终。

有时我想，我和双亲的缘分真是浅薄，出生时生母过世，和父亲的相处也是光阴短暂。幸而我还有阿哥，“兄弟同心，其利断金”，我们兄弟情感很好。这次我离开萧山铁工厂，准备先去杭州读文学进修班，然后投奔我唯一的亲人——我阿哥，再做打算。

被带走的徐教授

萧山离杭州不远，按照招生布告上的地址，我很快找到这所学校。一进门，发现地方不大，教室很小，授课老师姓徐，是杭州大学文学院的教授。后来有人告诉我，徐教授在学界有名气，反右的时候被划为右派，不许在学校里教书贻害学生。徐教授自然走投无路，不得已开设文学进修班，既是发挥己长，也是有一口饭吃，这就给我等“有志”青年提供了学习机会。

见面后，我问徐教授，我可以报名参加进修班吗？徐笑笑，说欢迎欢迎，接着让我介绍一下自己的情况。我拿出事先写好的文章给他看，自己觉得是拿得出手的。

徐教授看完，笑笑。我以为他很满意，没料到，他说：“外面的世界早就变了，白话文普及已经好多年了，不是八股文的时代了。老早鲁迅先生就提倡大众文学，主张白话文，你怎么还在写八股文？你准备报考什么？”他语速不快，语气温和，透着些许长者的和蔼。

我听了，有点羞惭，深觉自己落伍，在铁工厂生活单调，视野有限，根本不了解外面的世界。我说：“两条路，文艺或文学。一是考美术，我自己爱画画，也有基础；二是考杭大文学系，我也爱好文学。”

教授说：“建议你还是考美术吧。你有美术的一技之长，独特优势，这不是人人都擅长的，要发挥自己长处。有美术专业老师教过你吗？”

我说：“小时候有个启蒙老师，跟着学过一段时间，后来就是自学。”

徐教授沉吟了一下，说：“好吧，录取你了。进修班三个月一期，你先学一期，看看情况。”

接下来的谈话，多少年后回想起来，我都感到醍醐灌顶，振聋发聩。那年高考，我就是遵循他的教导，才得以考取，改变了我的人生路径，迄今感激不尽。

“你要考美术，我告诉你几件必须注意的事情。”他说：“第一，画画，以立意为主，技巧次之。立意好不好，体现一个人的思想和思路，光靠才能还不够；第二，以简胜多，用简洁的笔触表现内容，传递思路。乱糟糟的大而不当，甚至毫无头绪，专业人士一看就露馅了。知道前几年有个考生，画几笔竹子就考上了。他的做法，你可以参照效仿。”

徐教授停了停，继续讲文化学习。他说：“语文考试几大块，造句、文学常识等40分，作文60分是大头。作文写得好不好，是能否考取的关键，也最考察你的文学功底。你要把作文做好，提早准备三篇文章，一篇小品文、一篇记叙文、一篇议论文，考之前写好，记牢，全部背下来。”

徐教授不光教授知识，真正启迪我的，是他传授的这些方法。神奇的是，这些方法在一年后我参加高考的考场上，无一例外地得到应用。如果没有看到电线杆上的广告，没有毅然决然地参加进修班，没有遇到徐教授这样有学问、有见地的导师，我在高考考场上定然不会一帆风顺。那一年，我高考时的作文题目是“记大跃进中的先进人物”，我因事前有准备，下笔流畅，有如神助。

在杭州，我没有亲戚，也不另找地方住宿，就租住在一户人家。这家只有老夫妻两人，老头儿白天开裁缝铺，做些裁缝活儿。我们三个人住在一间，晚上他们睡大床，我就睡做衣服的案台。讲好一个月吃住全包十二元。这项开支我负担得起，我离开铁工厂带着自己的积蓄，有三四百元之多，足以应付一阵子开销。但我知道，要读书，接下来的花费还很多，我只能靠自己，还需节俭，所以只购买生活必需品。

这期间，我又买了一本《中国文学史》，作者是谁记不得了，反正一有空就看，有时候还带着这部书去请教徐教授。

读书的时光稍纵即逝，三个月的光阴如白驹过隙，正当进修班接近尾声，我踏踏实实每天按时上课的时候，意外又发生了。

一天早晨，我照例来到教室门口。门没开，贴着封条。同为进修班同学的一个女孩子，边哭边告诉我，说公安局的人来过了，把进修班查封了，徐教授被作为历史反革命也给带走了。说话的这个女孩儿就是警察，有时还穿着制服来上课。我在门口呆了一会儿，转身离开，内心怅然。从此再没见过徐教授，也没听说过他的消息。只是我一直记得他，他和阿根叔，流年里，我永志难忘的两位恩师！

四、谢天谢地的高考之路

回到胡塘下村

1957年深秋，我在杭州读了将近三个月进修班，信心满满地准备考大学，不料进修班意外关闭，徐教授一去不复返，完全打乱了我的计划，怎么办？萧山工厂的铁饭碗已经辞了，厂长也说了重话，无论如何不能再回去了。按我们乡下的说法，即便当乞丐讨饭，也不能从铁工厂门口走。

只有回胡塘下村，找阿哥落脚，暂且维持生计，再谋出路。时值萧瑟初冬，北风乍起，我的心也一片冰凉，失望的沮丧伴随前途未卜的忐忑，我买票乘车，回到家乡，随身携带我的户口、档案。

阿哥在大队担任书记，见我回来，并未埋怨半句，头件事交代我，去县里把组织关系交掉，再把户口送到镇上。

我听阿哥的话，一一照办，然后回到村里。乡亲们知道书记的弟弟回来了，受过教育，有文化，虽然没有读过大学，但仍把我当秀才对待。村里有个大祠堂，以前全村的集体活动都在那里，时髦的说法是“公共空间”，这时大队、支部、食堂都设在里面，当时已经开始大办人民公社，吃大食堂。祠堂里面也办了个夜校，阿哥让我当教员，给村民们扫盲。他自己也来学习。我从来没有当过老师，但教教这些不能识文断字的乡亲，还算绰绰有余，毕竟在这里我是首席知识分子。晚上来上课的人不少，一时间热火朝天。

紧接着就是大跃进。我们那里有个黄岩殿大水库，现在还在用，就是那时候我阿哥组织村民建起来的。修水库是大工程，要全员出工，挖土、装土、挑石，人人参与，我也不能减免。

好在我被安排最轻的活儿，统计工分。乡人诚实，也有乡人的智慧，我是怎样统计工分的呢？能做到公平公正公开，让每个参与者接受。就是发放竹签。我站在挑土必经路口，看路过的人筐里有土，就发给竹签。一天的劳动结束，统计竹签数量，按签计分，多劳多得。一般来讲，平均每人每天能拿到20签的工分。挖土装石的人，则取平均分。

我知道乡人羡慕我，认为我干的活儿轻松。其实哪里有人知道，当我轻轻松松发着这些小竹签时，我内心是怎样的悲凉。本来我该站在大学校园里，坐在教室里，或者去野外采风写生，现在，却站在山坡上，用小竹签统计工分。我认为我的痛苦与乡人的痛苦，不是一回事儿，心中充满着怀才不遇、大材小用的失落，情绪跌到了低谷。

此时，阿哥已经结婚。嫂子是棠溪乡义门村人。5月，鲜花开遍原野的时候，听说义门村里的会计不能用了，出身不好，是富农，不可靠，账目做得也一塌糊涂，要重新请一个会计。后来就通过嫂子，找到我，让我去义门顶会计的工作。义门离胡塘下十多公里路，要进山。那里山清水秀，竹密溪澄，世外桃源的样子。我住在一栋房子的二楼，前后空畅，放眼四望，皆是青山绿水，门口一条小河清澈流淌，叮叮咚咚地在太阳下闪着光。每天我就打这里的水，喝水、烧东西都用它。稻米由姑妈和阿哥处供应，村里人给我随便摘些蔬菜，吃喝不愁。做会计，我有底子，在萧山铁工厂向任会计学过，任会计不在的时候，还顶替了一段时间。做了一段时间，没有什么问题，村民们说外地人做账公平，这就是在表扬我。在这儿，我恍然有种“忘路之远近”和“怡然自得”的超脱感，因为一人过日子，闲暇时颇多，于是再拾书本，脑子里不时盘算着再考大学的事情。

一波三折报考路

1958年对于我是不平凡的一年。我会计工作做得顺手，村里也不能让我闲着，不时派点任务，好歹都是有“技术含量”的活计。当时全国都在搞技术革新，农村也不例外，我们村改良了打谷和犁地的工具，既省力，又有效率。乡里听说后很有兴趣，让我整理好材料，跑一趟，送到乡里。

我来到棠溪乡政府，边办事，边等候，随手翻看报纸。

只有乡里有报纸，村里没有。巧得不能再巧，在《浙江日报》上，我居然看到了“全国高等院校统一招生考试”的启事。再仔细看，我心仪的浙江美术学院也名列其中，它刚由中央美术学院华东分院改名而来。我在乡政府把启事仔仔细细读了一遍，心情非常激动，好像自己一直等待的就是这个机会。临走前，我对乡干部说：“这张报纸给我好吗？”对方很爽快，一挥手让我带走。

我拿好报纸，片刻不停留，马上回到村里。如果说看到报纸的那一瞬，我决定参加高考的想法，还有感性的成分，那么在回去的短暂路上，这个念头更加坚决，已经成为一种理性的坚定。

在房间里，我逐字逐句又读了招生启事，重点看报考的流程和时间。里面的信息真让我庆幸。1958年，中国高考的招生流程是这样的：考生先进行体检，之后递交申报材料，审核通过后给予考试资格。体检是第一关，但体检点并非随处都有，专职的招生体检队由上面派下来，只设在县一级医院。我查看永康县的体检，恰好截止到明天，之后体检队就要移师其他县城。我找来日历，认真核对了一下，当即决定第二天赶往永康县城参加体检。

第二天一早，我从义门先回到胡塘下，到村委会，找到阿哥开证明。阿哥得知我要去报考美术院校，很支持，马上为我开好证明，证明说“胡振郎是本村肄业青年，准备投考……”云云。我怀揣证明，不敢耽搁，立即上路前往永康县城。胡塘下村到永康县，二十多公里，我经常走，那天心中焦急，有对报考的渴望，有对担心错过机会的焦虑，觉得路程特别漫长。

待我一路疾步赶到永康县医院，已经下午四点，红日西沉，这一天我走了近五十公里路。我找来找去，发现医院已经人流稀落，一副下班的样子，心里不觉着慌起来。

到了招生体检的房间，发现只有一个女护士在。我说自己是来报考体检的。护士既惊讶又遗憾地说："哎呀！他们刚刚已经走了。"我一听，更加着急，差点哭出来，连忙解释。我说我昨天才看到报纸，今天走了近百里路，赶过来实在不容易。

护士同情我，说："别急，你明天一早来，我给你检查。我们检查要医生护士配合，我一个人不能做。"她的话给了我安慰和希望。我当晚找了个旅馆住下，睡不着，在忐忑中等待天明。

翌日一大早，我就去体检的地方等了。

医生和护士给我逐项做了检查。等到辨识色谱的时候，又出现了意外。有两个颜色我怎么都辨别不清。医生让我仔细看，慢慢来。我心里着急，越着急，越看不清。医生说："你要投考美院，色盲可是不能报考。"我把昨天赶路的经过向医生描述了一遍，诚恳地说："我没有色盲，一定是太累，影响了视力。"

好心的医生和护士信了我的解释。我顺利拿到合格的体检表。事实证明，我的确是因为疲劳影响了视力。否则这么些年，我怎么能成为一名画家。

我拿着体检合格表走出县医院大门，是上午十点半的光景。马上要从永康赶到金华，走五十多公里路，去正式报名。

浙江美院在浙江共设了三个招考点，杭州、宁波和金华。金华地处浙中，解放初在行政区划上级别较高，设金华地委，下辖十一个县，地域广大。我当晚赶到金华，已经是晚上八九点钟，天完全黑了，就在婺江边一个小旅馆住下，准备第二天报名。

金华考区的报名点在市中心，我把村里开的证明和体检合格表交上去，以为会很顺利。谁知工作人员检查后，说："你这个材料不好报名啊，证明开得不对，应该开待业青年证明，你开成了肄业，不符合报名条件。"

我一听就急了，我报名本来就临近截止期，如果再出意外，将意味着错过今年高考。对于我来说，再等待一年，是一种惘然，一种惘然中的恐慌，伴随着遥遥无期、深不可测的不确定。

我说:“那怎么办?”

“报考可以,你的证明只能重开。”我听了答复,二话不说,立即起步,马上赶回胡塘下,到村里重开证明。

从白天走到黑夜,寂静漆黑的山路上,就我一个行人赶路,有时万籁俱静中传来一两声夜鸟的刺耳啼叫,特别惊心动魄。

走过一段山路,不远处一簇簇的鬼火闪烁飘摇。本来乡间有闹鬼的传说,此时却并不介意,也不害怕,只有一个念头无限膨胀,占满了我的心思,就是赶快重开证明,好去报考,脚下加快了速度。

回到家已是半夜三更,一夜无眠。第二天,急急开好待业证明,重回金华报考。

这次是白天赶路,我特别留意了一下前晚有鬼火的地方。艳阳之下,果然是一片凌乱坟地。很多年后,我已在美协工作,一次开会学习,读到一段话,大意是“坚定的理想信念,会让人排除杂念,坚不可摧。”不禁想到那夜赶路经过的乱坟岗,想到投考美院经历的种种曲折,感慨人在精神上的不懈追求,会赋予多么强大的充盈感和原动力。

当我再次出现在金华报考点的时候,虽然昼夜兼程,但丝毫不觉疲累。

我按要求递上三样东西:体检合格表、待业证明、三张素描作品。

收报考资料的老师认真核对完,说:“咦,你怎么没有学历证明?”

我一听还缺少东西,既惊又吓,加上劳累,顿时瘫软在椅子上。此时脑子一片空白,连话也讲不出,更不用想再回去补材料。我彻底放弃了。

招生老师很同情我。问了我的情况,得知我在金华一中读过一年书,马上让我去学校开张学历证明。

这次,不用走太远的路,我到一中,找到教务处要求开学历证明。但心里的焦虑,丝毫没有减缓,难道我真的不该上大学?万一没有我的档案呢?他们愿意给我开证明吗?谢天谢地,金华一中不愧是有历史传承的百年老校,档案管理得很好。经办老师很快给我出具了一份证明,内容包含我的简历、成绩等信息，证明我在金华一中读过一年书。

当天的报名时间已过，只能第二天再去办理手续。而次日就是报名截止日，如果再有意外，我真是没有任何补救时间了，几次节外生枝，使我情绪紧张，如惊弓之鸟，坐在小旅馆的床上，食不知味，睡不安眠，在惶惶不安中，总算打发掉难熬的时间。

时值6月上旬，天气日渐炎热，我记得自己最后一次到招考办，是穿着一件衬衫。仍然有来报名的人，陆陆续续报好名离开。

报名材料递进去后，招生老师叫我等着，他们要研究一下。我坐在门外等待，这时候我感觉已经无望了，也无可奈何，只有等待安排好的命运降临。等啊等啊，约摸两个小时后，招考老师对我说，他们研究过了，认为我符合报名条件。于是给我发了报名表，并还给我一张素描。三张素描，他们留了二张，说够用了。那张还回来的素描，如今还保存在我的画室，上面有报考审阅的相关标记，是我这段报考经历的记忆凭证。

办好报考手续，走出招考办的大门，艳阳高照，回头看看这几天我数次登门的地方，回想起自己为报考走过的几百里山路，着实觉得辛苦和疲累，又着实感到心情轻松，回到旅馆好好地睡了一觉。

哦，我的1958年，我的高考之路，我遇到了这么多的好人，无论是当年还是后来，每当我想起这段经历，我都感慨万分。不过，我最要感谢的是毛主席他老人家。凡十八岁以上，无论贫富贵贱，有能力者都可以报名参加高考。毛主席的这条指示，让我这个穷小子真的梦想成真。

五、考场传奇

考场设在金华一中

其时，距离紧张的高考只剩下十多天时间。

我决定不回胡塘下，也不回义门，就留在金华复习备考。出门的时候，身上带了些钱，于是去婺江边的小街上找一间小房子，每天闭门读书。一天吃两顿饭，随便找家铺子应付一下，吃得非常简单，省时省钱，一门心思复习。

语文、政治和历史三门课，我记得重点看了翦伯赞先生的《中国历史概要》。按照杭州进修班徐教授的建议，我赶写了记叙文、论说文和抒情文各一篇，全部背下来，以便考试时应用。又去老街买了一块二手马蹄表，花了五元钱，虽是旧的，却是进口货，好用。我复习时用它掌握时间，考试时用它计时。

复习之余，想着自己报名多么不容易，如今报上了，说明运气不错，也许预示着我将有一个好前途。这样想着，信心大增。加上安安静静复习了几天，对我来说也是休息了几天，课程方面本来底子还不错，有些积累，现在更有把握了；关键是，这一阵我感到精神健旺，有一种跃跃欲试的冲动。为了1958年这场高考，我好像刚刚准备几天，又好像很多年前就在等这一刻。

1958那年的高考，是新中国成立后第一次扩招，录取人数26.5万，我是其中之一。下面我要详细回顾一下当年的高考经历，高考于我，是一场改变命运的大事件，对我人生的影响之大不言而喻，而且，是共和国历史上值得记取的集体记忆。

科目考试共五门，政治、语文、历史、地理和外语，时间三天。相较其他，外语最让我头痛。虽然有些基础，但没有在课堂上系统学过，也没自学过，不像其他学科，多少还有些积累。所幸，规则允许，我报考艺术类，可以将外语科目换成古汉语。古汉语对我的路子，我有自小阿根叔给打下的功底，以前在徐教授的辅导班还做过八股文呢。

第一天，先考语文。考场设在金华一中。走进考场的瞬间，我几乎惊呆，进而坚信，自己参加高考多少有些天意的成分。那间考场，正是我在一中读书时的教室。一中的教室有若干间，但我读书的一年，几乎从未换过教室，只在这间呆过。如今考试恰在此间，岂不是天意乎。

一个美好的高考开局！我带着喜悦的心境，走向自己的考位。

五十多年后，我仍清晰记得试卷内容。语文考试分两部分。古汉语卷内有造句、翻译、纠错、典故分析、成语填充等项目，考了两篇经典：《木兰从军》“木兰者，古时一民间女子也……”，另一篇《信陵君窃符救赵》。这两篇，我之前读过，有大概印象。古汉语考试不算难，我很快进入作文阶段。

语文试卷卷面很大，约八开，一半篇幅留给作文。题目要求写一篇记叙文：“记大跃进中的先进人物。”

1958年，大跃进开始以来，我一直在农业生产一线的生产队，耳闻目睹农村里的人和事。重要的是，我有准备，备考的十天里写就三篇文章，其中之一即是人物作品。考场上，我在心里迅速过了一遍，感觉和题目要求合得上。于是马上动手，思路清晰，落笔神速。

我写一位生产队的女队长，如何在毛泽东思想的指引下，勤于奉献，努力付出，用心开展工作，获得群众认可的故事。细写了几个生动鲜活的例子，比如革命促生产，解决内部矛盾纠纷，等等。写完后，我自己也比较满意。

之所以写这个主题，是因为有生活素材，我阿哥就是原型。他当生产队长，就是这样起早摸黑，心里想着社员，勤勤恳恳为村民做事。我把阿哥的事迹换在女性身上，感觉更能打动人。这篇文章，我写了八百多字，并不长。因我牢记进修班时，徐教授告诉我的指南，他说写文章一定要精练。

语文考了两个小时，我提前完成，感觉很顺利。中午回到小旅馆休息，等待下午考试。

下午考两门，历史和地理。历史是我的强项，我对历史有兴趣，展开试卷，看到的题目也都熟悉。有“五四运动”“康梁变法”“甲午战争”……都是翦伯赞先生书里有的，以前也复习到过。分数分配上，中国历史占九十八分，还有两分是世界历史题。假如中国历史考得好，世界历史的分数也就无足轻重了。

地理考试很有特色，简单但实用，于今也有借鉴价值。考铃摇动后，监考老师发卷子。一张纸，只在中间印着一幅中国地图。让考生在上面画陇海铁路的起止点，长江和黄河的路径图，标注中国四大米市，画出开滦煤矿和鞍山煤矿的具体位置，等等。台湾、香港相关内容也有体现。

这次高考复习，说老实话，我基本没有温习地理课程，主要靠以前的知识积累。总算应付下来，但自知考得不好，估计六十分及格就算不错了。

第一天考试结束，我感觉并不太难，也没多虑，一心想着第二天的考试。

第二天考政治。十个问答题，毫无意外地有“总路线”，这是我料到的。还有当年的政治时事，我迄今仍能清楚地列举出一些题目，如：对反右派怎么理解？公私合营是什么性质？人和生产力之间的关系？生产力靠什么创造？怎么看五年规划？也有关于中苏关系闹翻的题目，问苏联专家从新安江水电站撤走后怎么办？因为平时留心，经常有听广播，自己感觉答得尚可。

晚上照例休息。

“爷爷积肥忙，为了千斤粮”

第三天是专业考试。

其他门类考生考好后，都回家去了，只有艺术类考生留下继续考试。我进考场后，数了数摆放的画架子，推算出来有四十六个人参加美术考试。还有考音乐和戏剧的，另辟考场，多少人不知道。

这时，在我身上，又发生了巧合的事情。

我读书的时候，金华只有省立一中，高考这年刚成立二中，地址在北郊罗店村，那里盛产佛手。几年前我回乡，看到罗店从一所金华二中起步，如今已经发展成为学校云集的教育城，感叹岁月变迁，前事浮上心头。

当年，新开办的学校，校园新，设施新，教师也多是新人。为了传帮带，从一中抽调来不少骨干老师。这年高考，艺术类考场设在金华二中，距离市区有五公里路程，为节省体力，集中精力，我决定乘车前往。坐了两站公交车，我顺利到达考场。进考场的第一眼很让我意外，一个熟悉的身影，我见到了尊敬的劳坚清先生。此时，劳老师是这间美术考场的监考老师。他在我金华一中一年的校园生涯中给我最多偏爱，意外重逢的喜悦和无比亲切的感觉瞬间涌上我心头。

劳老师也认出了我，同样意外和惊喜。

他说："你怎么不回我的信啊！我叫你回来继续读书，我来资助你。信写了好几封，不见你的回音。"

我听了，既遗憾又感动。解释说，我那时别无选择，离开了家乡，去做打铁匠，所以没能及时接到先生的来信。

因为马上要考试，不容我们多谈，叙旧暂告段落。

劳先生转换话题，关切地问："你考什么？"

我答，自己报考浙江美院的国画系。先生向我手中和随身的文具扫了一眼，说："考国画，要用毛笔，不能用铅笔。"我当时就懵了，开考在即，没有文具像战士没带枪，怎么上战场。

劳先生劝我别着急，马上拿来全套绘画工具，有毛笔、颜料、调色盘等。我松了口气，感激先生待我的好，也庆幸考场遇到贵人。

临考前，劳先生又特意交代一句："等会儿开考，问你要什么纸，记住你要宣纸，不是铅画纸。”

我很快明白了先生的嘱咐。这个考场集中着金华地区当年所有美术考生，不光考国画，还有的考油画、版画和雕塑。我记得招生启事上列明：四个系，全国招生四十人。

开考前，有老师的确问过一句“要什么纸？”我明确回答：要宣纸。

等考纸发下来，我看一眼，明白了。

那句问话多少也带着考察或核对的意味。

每个考生在报考时，已经明确画种。对应的考试纸张，考前早已统一备好。发给我的宣纸上清清楚楚写着我的准考证编号。

这张考纸约40 cm×48 cm的幅面，是国画考生唯一的画纸。油画考素描，画错了还可以擦掉修正，国画机会只有一次。每位考生面前一个画架，位置固定，彼此看不见。因为是高考，考场气氛紧张严肃。

监考老师三个人，劳先生是其一，另外两位来自浙江美院。我们坐好后，留意到大黑板上写着社会主义建设总路线：“鼓足干劲，力争上游，多快好省地建设社会主义”。这一年的高考，语文、政治、美术，凡是能主观表达的科目，都有总路线的身影。很快，考铃敲响，老师宣布专业考试题目：以总路线为题，创作一幅作品，表现形式不拘，要体现专业水平，要有创意。

几乎所有考生听完题目后，即低头着笔，开始创作。教室里鸦雀无声，仅闻画笔沙沙作响。别人显得那样笃定，胸有成竹，胜券在握，而我却一时下不了手。我手里握着毛笔，马蹄表滴滴答答兀自前行。劳先生来过几次。前两次是想看我的起笔，进展情况，后来就有些着急，担心的情绪聚上眉头。

他不知道的是，我的手没有动，脑子里却翻江倒海，波澜壮阔。

我清清楚楚地听到了考试要求：要有创意。围绕创意的构思，在我的心里渐渐显形。启发我思路的，仍是那位进修班的徐教授。我想起徐教授的话：“大繁至简，不要多画，画多了容易露出马脚。”

一个小时过去了，劳先生也走过来好几次了，我才开始动笔，有把握了。

艺术源自生活，灵感来自家乡。我生活在农村，在这一年的高考中，无论我的语文作文，还是绘画创作，始终植根于我熟悉的环境，我生活的土壤。在农村，清晨经常可以见到沿途拾粪的老农民。中国江南农民的惯常打扮，背着粪箕，踽踽独行。农家肥是最好的肥料，种庄稼要施肥，施肥意味着肥沃，肥沃意味着丰收，丰收就符合大跃进的宗旨和核心思想。农业大跃进，社社放卫星。“浮夸风”是运动的症结之一，媒体的典型报道多是粮食产量高。新华社、《人民日报》、《解放日报》，铺天盖地的“千金梦”。选题确定，我很为自己这个“深山藏古寺”的创意欣喜。

我的创作习惯从高考那一天起步，贯穿整个艺术生涯。此后多年，每逢创作，我总在前期投入较多的精力，酝酿成熟才肯动笔。

现在，构思有了，我开始构图。画面上，拂晓时分，一位老农民，戴帽子，系围裙，穿布袜子，低头捡粪。

这期间，劳先生又过来两次，看我动笔了，眉头开始舒展，等到慢慢看到画貌，才露出放心的笑容。我端详了一下画面，又给捡粪老人身边补上一对嬉闹的小狗。画面立即鲜活生动起来，人和狗的呼应与互动，传递着生活的气息。

画毕，我环顾一下考场，发现很多埋头苦干的考生，仍旧画笔不辍，紧张非凡。我再把注意力集中回自己的画面，在右上角写下点题的一句“爷爷积肥忙，为了千斤粮。”加了这一句，我基本可以保证是幅高分作品。有生活基础、有创意、专业能力也不差，还难得地做到了诗画结合。这样的作品，一般人怎能在两个小时内拿出来。

完成这一切，距离考试结束还有一刻钟，我提前交了卷子。走向讲台的路上，我看到一位考生画的是千军万马，难怪他时间不够用。

交卷的时候，正碰上劳先生的笑脸，或者说先生摆好了笑脸等着我，传递鼓励和满意。我也笑了，很高兴，也很放心，知道自己专业考得不错。

下午的光阴长，接着考素描和文艺理论。

有了上午的好势头，我在下午的考试中始终情绪饱满。对景写生的现场，中央摆放着一张乒乓球台子，这个台子就是舞台。上面安放着一只很大的缸。缸里种植的牵牛花已经攀援而出，花朵盛开。显而易见，这是一盆早就培养好，为考试准备的写生实景。

因为是写生，创意不是主要考点，但怎么能画得更出彩，我又想到徐教授的话。他说："中国画的精髓是高度的概括提炼，传世的很多名画能做到小而精，以一当十，这是智慧。"

整个高考，徐教授如影随形，在很多重要节点上指引我做出正确的选择。后来，当我拿到录取通知书的时候，我不禁想到他，以后的岁月中我也经常想起他，只是，从未再有过关于他的任何音讯。

时间容不得我多想，大致的构图在脑海里慢慢定型。牵牛花在乡间常见，姿态万千。我决定画两朵花，一朵正面饱满怒放，一朵侧面欣欣向荣，再配上四片叶子，主次分明，主宾错落，正侧呼应。之后画一枝竹子，牵牛花有了依附，看起来不会飘摇零落。最后，我再次发挥文学优势，写下两句诗"牵牛花开正及时，盛叶茂枝开遍地。"看着成品，我想到自己当初的志愿，要么考中文系，要么报美术院校，现在画配上诗，我的文学造诣也有了用武之途。

1958年，是一个火辣辣讲政治的时代。我的两句诗气宇轩昂、雄姿英发，体现出蓬勃向上的朝气和热情，特别应和形势。牵牛花盛夏开放，恰是高考时节，我们这些投考学子，将像牵牛花一样，盛开在社会主义建设的广大天地间。这幅写生，我画了半个小时，感觉既快又好。

整个高考的最后一门是文艺常识。我记得有十个题目，问油画《开国大典》的作者是谁？当时董希文因这幅画闻名全国；有《春到西藏》表现了什么？我答农奴翻身，欢欣鼓舞；有考齐白石的中国画的影响？齐白石我研究过，人民艺术家，1955年刚获得德国艺术科学院"通讯院士"荣誉状。还问了他的代表作，我答是1951年他给文学家老舍先生画的《蛙声十里出山泉》，立意好，有意境；再问鲁迅先生对中国美术的影响？鲁迅倡导大众文化，看到了版画战斗性、宣传性和广泛性的特点，主张将版画作为对敌武器。在他的引导下，一批青年画家走上革命道路，以讽刺夸张的创作鼓舞民众士气。这道题我也顺利地答好了；接着问美术包含的内容，我当然知道是在考察是否理解美术的含义；有一道题是考中国画的特色，不知道是否只针对报考中国画的考生，我从诗书画印融合一体的角度作了回答；也有关于中西画的比较，中国画讲究立意，线条是基础，是点、线、面结合的有机体。西洋画重视光，素描完全是根据光线形成画幅，有立体感，有明暗面，是光对色彩的影响。徐悲鸿做过中央美院院长，关于他的考题也有一道。

我后来回顾这些题目，明白了出题者的意图。这是最基础的美术常识，这些知识不掌握，将来就算考取了，也很难听懂老师讲课，美术这条专业道路会走得非常辛苦，甚至有可能半途而废。

阿哥送来录取通知书

傍晚，我走出考场，高考结束了。

因为在几个科目考试中自我感觉良好，我的情绪轻松喜悦。考试完了，我也没有继续留在金华的必要，带上东西，回永康胡塘下村，仍旧住在哥哥家。

回家路上，我病倒了，是中暑，其实是累过头了。备考期间，没有好好吃过一顿饭，复习又辛苦，夜以继日。单看体重就是一个指标，短短十多天，我从九十几斤瘦到八十多斤。我是超负荷了。刚进家门，我体力不支，扑倒在地。乡间有很多种土方法医治中暑，乡村医生给我刮痧，后母和嫂子照顾我。毕竟年轻，我很快就恢复了体力。

乡间散居，闲暇时回顾高考，有时自己也颇觉神奇。想想这期间因为偶然看到报纸上的招生启事，经历一番波折的报名投考，短暂的复习备考，三天考试……一个个画面闪过脑海，竟有不真实的感觉。

我又回到了往日的生活，一切如故。我惦念着要回义门重拾会计生涯。前后离开半个多月，又到了这个月做账的周期，责任心和使命感促使我不能停留，带上十斤大米，翻越一个山岭，返回义门。路上，我在姑妈家住了一晚。姑妈看我为考试熬得精瘦，炖鸡蛋给我吃，嘱咐我要休息好。姑妈的绍兴酒糠里有十块大洋，后来我上大学，需要花费，陆陆续续，每次两块，她都给了我。

回到义门后，我抓紧时间做账，出于两个考虑，一是如果我考取，离开时账目清楚，将来别人也好接任；另外就是，有了账目，就可以分东西，我也有份，读大学需要钱和物资。

一个月后，浙江美院的录取通知书来了。这一个月，我也养好了身体，否则身体垮下来，万事都成泡影。美院的通知书邮寄到胡塘下，我报考时的户口所在地，由阿哥送到义门。

阿哥还没进门，喜悦的声音已经将好消息送达。

他喊："振郎，你考上了！现在好啦！我来接你回去，准备去读大学喽！"我说明天回去，手里的事情交接一下。其实，想到彻底离开，以后不会再有机会在义门做会计了，我突然依依不舍。

阿哥说："今天就走！明天走，我住哪里？"我听从阿哥的要求，把账本交给嫂子的弟弟。他就在义门。这少年我已经培训过几次，事先也讲好，若我考上大学，他接替我。阿哥一根扁担，挑起我的被子和书籍走了。

离开前，我去和两个要好的乡亲惜别。结果风声传得快，大喇叭马上响起来，说胡振郎考上大学了！要离开我们义门村了！于是，更多的乡亲赶来，和我话别，恭喜我考上大学，说我是硬地开花！

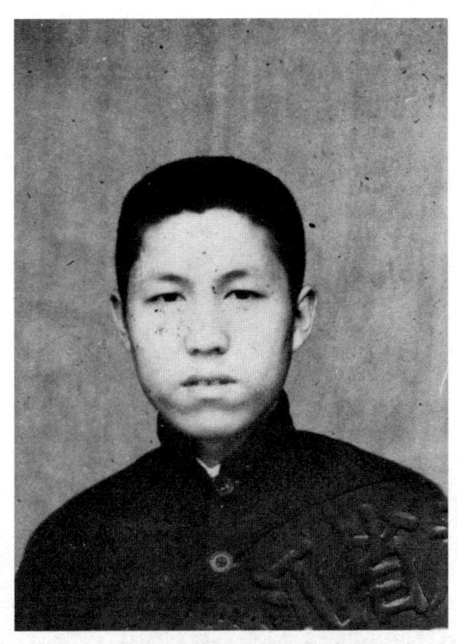

1	2
3	4

图1　1955年春，胡振郎在浙江萧山县河上区铁工厂打铁时办理工作证使用的照片

图2　2016年胡振郎手绘：1954年夏全国手工业合作化后，胡振郎在工厂宿舍利用晚上时间学习文化和绘画

图3　2016年胡振郎手绘：1958年春胡振郎辞去铁工厂工作，到杭州进修文学，得到原杭州大学中文系徐教授的悉心教导

图4　2016年胡振郎手绘：1958年5月胡振郎回到永康哥哥家，在夜校担任“扫盲”老师

图1　1962年秋，胡振郎为毕业创作回到金华，住在金华二中劳坚清先生宿舍中，此为劳先生所赠水彩画《五指山》，胡振郎保存至今

图1　胡振郎与劳坚清先生在金华二中校园最后一次合影，劳先生于1999年病逝

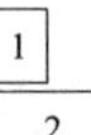

图1　2016年胡振郎手绘：1958年胡振郎入学浙江美院不久，全国掀起大炼钢铁风潮。在美院兴办的东风机械厂，胡再次做起了铁匠师傅

图2　1965年秋，胡振郎（右一）回家乡胡塘下村，与亲人合影，中为继母、前排左一为其兄胡根火、右一为其嫂

第三章　丹青引路

一、潘天寿院长

浙江美院首批学生

浙江美术学院，早称国立杭州艺术专科学校，民国十九年创立于西湖罗苑，是一代教育先驱蔡元培“以美育代宗教”的具体实践。无数声名显赫的画坛大师，或执教或曾就学于此，在美术学子的眼里，其地位至高无上。

谁能想到，我竟能入读这座闻名遐迩的艺术院校，而且是浙江美院第一批入学的学生。

那是1958年9月，我第一次来到南山路98号的美院，校门外柳浪闻莺，风光旖旎。三个月前，它刚由中央美术学院华东分院更名过来，因此我们这批学生是顶着浙江美院的校名入校的。

我们同期入学约有四十个人，油画系六到八个，版画系五六个，雕塑系不到十个，国画系最多，十七八个。我就读国画系，按说身处其中，应该准确记得人数。给出这样的答案，并非源于记忆模糊。当年通过高考，国画系从全国甄选到十三个人，另有美院附中直升四人。还有个军人，复员后也到我们班。合计一算十八个同学，凑了个吉利的数字。

日常教学，平日往来，校园里基本就这四个系。但如果认为浙江美院1958级，只有四个系，却是错了。这一年，美院也未置身世外，同全国大学一样，掀起了讴歌总路线、大跃进、人民公社，“多快好省”地创作和大放“美术卫星”的热潮。

8月，我们入学前夕，美院向文化部报告，据说已经完成美术作品八万八千件，筹办工厂一百三十六个。我们入学时，学校机构已经膨胀起来，新办了工艺美术系、民间美术系、工农专修班、舞台美术班和连环画宣传画工作室。这些专业纷纷向外招生，本科生由上一年的二百一十三人，骤增至四百四十四人。同时，还增设了浙江美术出版社、浙江工艺美术研究所、浙江幻灯片制片厂等附属机构。只是，这些都是适应形势的外围组织，传统优势专业仍是国画、油画、版画、雕塑四个。

入学报到那天，我的心情既自豪又忐忑。

第一次走进高等院校的大门，读大学，是一件多么让人骄傲的事情。一进校门，我便在校园里到处溜达，大而广阔的操场，两栋大楼，大礼堂和校园里分布着雕塑，艺术气息扑面而至，比起金华一中，不可同日而语。但骄傲归骄傲，我心里还是明白的，这座全国绘画艺术的顶级学府，教学要求一定不低，而且人才济济，自己的同学中一定藏龙卧虎，自己今后几年，务必要勤奋自省，努力学习。

班上同学都是年龄相仿的年轻人，大家很快熟识起来。此时，我才得知，金华考区就考出来我一个。尽管我中学只读了一年，也不像有的同学，备考时接受过系统的美术训练，但金华那么多考生，只录取我一个人的事实，给了我强烈的自信。这时，我又想起高考考场上的情景，想起恩师徐教授和劳坚清先生。碰巧的是，这时我和另一位监考老师唐和也见面了，并且熟悉起来。

唐老师，上海人，出身老革命，曾和画《铁道游击队》的丁斌曾一起搞过创作。他也认出了我。虽然我是他从金华招来，算他的门生，但唐老师像他的名字一样，很和气，没有摆出为恩师的派头。

一次，只有我们俩人的机会，他悄悄对我说："胡振郎，你运气好，考试考得好。杭州大学中文系也想要你，是我们坚持把你录到了美院。"

唐老师的话，让我既惊且喜，没想到还有这段插曲。高考报志愿，我填了两个，第一志愿浙江美术学院中国画系，第二志愿杭州大学中文系。能到美院，当然是我的首选。

在钢铁厂上了第一节课

美院生活的确如我预想的那样，团结、紧张、严肃、活泼。

先说团结，五十年代本是个讲集体主义，讲团结合作的时代，无论是下生活采风、写生，还是教育与生产结合，大办工厂、大炼钢铁，都强调人与人之间的关心和互助；再说活泼，美院是艺术院校，汇集着一群艺术青年，大家思想驰骋、创意无境，即便是在"大跃进"这种纲举目张的年代，依然浪漫不改，氛围轻松灵动。而说到紧张和严肃，既与当时的政治氛围相关，也是时任院长潘天寿教授的教学风格使然。

我入学这年，潘天寿正式执掌美院。他的大名，我们入学前就如雷贯耳。大学的本科教育基本都是四年制，但浙江美院不循此例，潘院长规定学制五年，第一年有点预科或考察期的意味。美院二十年代传承下来的灵魂是"清醇之兴趣，高尚之精神"，强调德艺并重。多出的一年时光，既考察学生在技艺和学识上是否跟得上，适合走艺术道路；也考察德行，包括艺术态度，艺术追求，艺术精神，强调做真正艺术家。

美院学风严谨，考察严格，对成绩或品德不合格的学生，处理起来绝不含糊。我们班上有个吕姓的绍兴同学，一年之后被劝退，听说是因为偷了复员军人同学的饭菜票。我听闻后，很不理解。好好的大学生，社会上叫我们天之骄子，怎么干偷鸡摸狗的下流勾当。这件事发生在入学之初，对大家震动很大，颇具警示意义。

前面说过，第一年属于试读性质，因此没有班主任，靠学生自治自理。我是团员，根正苗红，思想进步，主持团支部工作。杭州一中考上来的陈家泠做班长，那时他叫陈家邻，还没有给自己取这个风雅的名字。我们一见如故，沟通融洽，配合默契。

1958年，中央提出"教育为无产阶级政治服务，教育与生产劳动结合"的方针。政治运动的热浪日益高涨，美院虽是艺术院校，但全国一盘棋，也不能例外，又是下乡参加秋收劳动，又是把课堂搬到田间地头，现场教学。

但觉校园内人潮涌动，川流不息，各项活动风起云涌。

教素描课的顾生岳老师，画得好，水平高。当时他在政治上追求进步，要求入党，所以非常积极地投入到下乡劳动中，带领我们到半山钢铁厂写生、劳动，谦虚接受工农兵教育。我们班就在顾老师带领下，在这家钢铁厂上了第一节课，非常具有时代意象。

两个月后，全班回校，稍事安顿。连轴转，还是下乡。

这次去海宁。海宁是典型的江南水乡，观潮胜地，每年中秋节前后，可以在此观看有"天下奇观"之称的海宁潮。但我们没有观潮，也没有写生，纯粹去劳动。

具体点说，就是拔络麻，做麻绳，做粗麻绳。

当时国家工业基础差，很多物资还靠手工制品替代和维系。我们把麻侵入海水，剥皮，拧成婴儿手臂粗的绳子，充当工业缆绳。我是苦出身，做过打铁这类重体力活，拧麻绳不在话下，大部分同学却受不了，不堪其累，不仅精疲力竭，而且抱怨连连。我下铺的上海同学花鸟画得好，又来自大都市，在我们一群"乡下人"面前，颇有优越感。现在，让他干这么重的农活，体力和精神上都难以接受，整日叫苦不迭，现在想来也很好理解，但当时我们其他同学都觉得他太娇气。好在时间不长，劳动持续了两个礼拜，我们又打道回府。

此时，第一学期已经临近结束。一入学就劳动，一劳动就两三个月，同学们都在想，什么时候可以真正进入学习阶段呢？大家都渴望进入教室画画。

潘天寿院长亲自上课

学院当然要教学，劳动结束后，便让同学们上专业课。

专业课以临摹为主，临摹是基本功，国画班集中临摹永乐宫壁画、任伯年的手稿、王石谷的山水，还有夏圭、马远、沈石田……大师都是大师，但临摹枯燥，又没有创作的乐趣，可能当时的氛围如此，大家兴趣不大，我也是。

但院里有要求，这是必修课，规定动作。老师说，一定要临，不临不行，否则啥叫科班出身呢。

我们临古代名家，也临老师的画。顾坤伯老师，山水画名家，将自己的作品拿来给学生们临摹。那年老先生六七十岁，眼睛看不清楚，不久去了香港。虽然不情不愿，通过临摹，我们也因此打下了坚实的基本功，现在回想起来，应该在这方面下更大的功夫。

和专业课相应的是文化课，院里开设了中国美术史，王伯敏主讲；西洋美术史，严波主讲。印象最深刻的是中国诗词，潘天寿院长亲自上课，同学们高兴极了。他来上课，我们老早就端正坐好，既喜且怕。喜的是聆听大师教诲，怕的是他的严肃认真。中国画讲究诗书画印结合，缺乏深厚的文化修养，是无法攀上国画的高峰的，这样的道理现在说起来都懂，但当时我们还是感到懵懂。

潘院长说，唐诗是中国传统文化的巅峰成就，熟读唐诗三百首，不会写诗也会吟，要求同学们倒背如流。这项要求只针对国画系，还是美院全体，我没考证过，只记得他在我们国画班上这么说。

大家上课都绷紧精神，聚精会神，战战兢兢，因为潘院长随时会叫同学起立背诵古诗，其中不乏生僻之作。同学们都有一定基础，也都认真准备过，但总归有不熟悉的，或者一紧张而忘了，一站起来，往往背得语无伦次，这时就会被潘院长狠狠批评。也有的同学，课前课后背得顺畅，能够当场站起来解释诗意，或者一字不差地背下来，自己也感到洋洋得意。我也不止一次被潘院长点名，所幸，都还顺利，印象里没有特别狼狈的记忆。

潘院长负责教“诗”，吴昌硕的大弟子诸乐三教“印”。诸乐三是吴昌硕大弟子，比王个簃早入师门，给我们上课的时候已经鬓生华发。其时，在国画系，潘天寿、诸乐三、吴茀之号称三杰，关系亲密无间。陆维钊教我们“书”。陆先生书法好，绘画也好，是个全才，以前在杭州大学做教授，潘院长从杭州大学将之请来。还有一位潘院长挖来的人才，就是上海人熟悉的陆俨少。

老师们上课就用自己编写的教材，王伯敏的《中国绘画史》，陆维钊的《诗词》，诸乐三的《篆刻》，潘院长也有自己的教材（我现在还保留着）。

美院的前身是国立杭州艺专，创校校长林风眠先生，曾留学声名显赫的巴黎国立高等美术学院，故而在浙江美院，也深受西方美术教学模式的影响。虽然解放了，但林先生打下的西洋教育的传统和底子还在。潘天寿懂艺术，懂教育，美院继续承袭西式绘画教学的部分手法。模特教学就是一例。模特有男有女，专职的、兼职的都有。模特理解艺术，非常敬业。杭州的冬天，空气湿冷，偌大的教室，没有空调，中间放一个炉子，以木炭取暖，模特保持一个姿势让大家作画，是极为辛苦的，大家都非常尊重他（她）们。

对于油画系、雕塑系、版画系，模特写生是必修课。国画系跟着画，技法上和他们有差别。他们画素描，光影结合。我们重线条，白描为主。我至今还保留着当年的两张作业。一张是一个男模特，戴斗笠、穿蓑衣，我用工笔描绘，上色。另一张是一位二十六岁的女性。

我从小在农村长大，方方面面都封建闭塞，特别是男女关系之间，鸿沟壁垒，界限分明。第一次上女模特写生课，也是我第一次见到女性酮体，内心忐忑紧张，手上出汗，纸和笔几乎都沾湿了。又不想让人看出我的局促，于是强装镇定，竭力表现出一名美术专业学生的淡定从容。不知道其他同学是不是和我一样的情形，大家从来没有交流过，大概都不好意思吧。

大学三年级结束的时候，我分去人物画组，因为有这段模特写生训练打下的基础，在人体造型、色彩调配、线条表达方面，比其他画种的学生来得更为准确敏锐。

毕竟是学生，我与潘院长没有什么直接的接触，但知道他不光教学认真严肃，严格要求学生，而且对待自己的艺术创作也相当苛刻，不满意的作品随手扔到废纸篓里。逢春节，大家都会集体去潘院长家拜年。每年都去，这是传统。他家就在学校边上。每天清晨，潘天寿后门一推，便进入校园。

有一年，我们依例仍去拜年。一位同学坐在画案边，脚底下纸篓里有潘院长废弃的作品。人多嘴杂，同学们热烈地彼此交谈，相互探讨时，他悄无声息，从纸篓中捞出一张画稿，悄悄地带回了家。

回来后，这位同学急不可待，将这幅捡来的潘院长作品送去装裱。装裱师傅以为是潘院长送他的，按要求帮他托裱。裱画厂是潘院长经常去的地方，一天他意外地发现了自己的废画，于是问裱画师傅，哪来的？答案当然很清楚。潘院长说，你告诉同学，带上这幅画到我家里来。

这可不得了，这件事先在同学们之间传开了，大家都估计这位同学要倒霉了。第二天，这位同学硬着头皮，带着画去了潘家。据后来传闻，潘天寿并没有如大家预计的那样，火冒三丈，大声斥责，而是态度平和，还让他坐下，问他为什么拿画，说："我作废的画，你为什么拿走？这不是喜欢不喜欢的问题，而是这样的行为符不符合一个学生的身份？你回去写个检查，一定要认真检讨。"后来这位同学做了检讨，写了一份认识深刻到位的检查，潘天寿看后，竟然另外送了他一幅画。

这位同学因祸得福，也让我们了解到，潘天寿严肃背后的温情。

二、重新拎起了铁锤

大炼钢铁

1959年春天，美院课程进入到一年级下半学期，可是校园内仍是风起云涌。大家响应上面的号召，日夜奋战，课堂里没有什么学生，操场上到处贴着“大办工厂”、“大炼钢铁”的标语。就在校园里，裱画工厂旁边，竖起了好几座土高炉，还设立了一家东风机械厂。

这样，我这个铁匠出身的人脱颖而出，承担重任，重新拎起了铁锤。

1958年北戴河会议，中央通过《全党全民为生产1070万吨钢而奋斗》的决议，这场空前规模的大炼钢铁，全民动员，热火朝天，不亚于一场激烈的攻坚战。古人说“工欲善其事，必先利其器”，我们不是“利其器”，首先是要“有其器”，第一道工序开始打造生产工具，有了工具才能开工。

不用我自己说，我的档案里就记载着本人有四年的铁匠生涯。此时，老本行再次派上了用场。东风机械厂厂长张正恒，是个北方人，他让我做他副手，专司打造工具。不夸张地说，我在这里起着关键作用，因为我负责打造冶炼工具，且是唯一有经验、懂技术的“师傅”。

冶炼原料五花八门。有老百姓家的铁锅，因为吃大锅饭了，吃饭去人民公社大食堂，家里不开火，锅便贡献出来炼钢铁；有拆下来的各式铁栅栏、大铁门；也有各类废旧铁器，铁矿石。

为运铁矿石，附中还死了一个学生。当时，生产非常简易，运输铁矿石就用普通的平板车，上海人叫黄鱼车。人员也没有配备必要的劳动保护装具，比如头盔之类，更没有经过安全培训。运矿石是辅助工作，由附中同学负责，一次运输途中，车过六和塔，一个押运的学生不慎从车上掉下来，伤了头，没抢救过来，十几岁的孩子，遗憾地成了烈士。

和以前在萧山铁工厂不同，这次，山中无老虎，我这个“猴子”当了大师傅，围着高炉，不分昼夜，忙碌不辍。厂里给我配有两位助手，都是成名画家。一位是莫朴，我很早就闻其名，没想到在这种情境下相识。他给我拉风箱，充当小师傅。莫朴是我的长辈，闲来他和我聊天，讲早年在新四军的见闻；讲“千古奇冤，江南一叶”，他亲历的皖南事变；讲革命时代以版画为武器进行战斗，讲他和吕蒙、程亚君一起创作《铁佛寺》……

毕竟是战争年代过来的人，经过大风大浪，作为右派分子的莫朴虽然身处逆境，却不颓废，谈起过往，他语气骄傲，神情豪迈，语调中还带有上海口音。从他的叙述中，我知道了更多版画家，上海中国画院秘书长程亚君、上海美协副主席吕蒙、和鲁迅先生合过影的陈烟桥……没想到，几年后我到上海工作，这些从莫朴口中认识，已闻其名的画家都见到了。吕蒙还是我的同乡，永康人。

莫朴是1957年被划为右派的，已经靠边站多年。当时还是中央美院华东分院，他是副院长，认为既然是华东分院，应该设立在华东最繁华的城市上海，且上海有美术和绘画优秀传统，各类资源集中。

莫朴的话有一定道理，加之资历深，是老革命。因此，他的观点颇有一众拥护者。但浙江一些领导不认同，并说他抹黑了浙江形象，加上当时传说每个单位有一定的右派名额。莫朴的右派就是这么个由来。

另一位下手，是我的老师潘韵，也是右派。我是大师傅，莫是小师傅，潘担任中师傅。

潘老师被誉为新中国新国画的领军人物，他的山水画《春之晨》画得生机勃勃，在全国获过奖。我喜欢他的画，后来他主动送给我一张，我非常珍爱。遗憾的是，“文革”中潘韵老师受冲击很大，我心里害怕，又实在喜爱这幅画，冥思苦想，自以为找到一条两全之策，我将他的落款从画上挖掉了。“文革”结束后后悔不及，至今感到内疚。

潘老师是个胖子，持画笔的手，铁榔头都拿不稳，现在却做中师傅的活儿。别说十六磅的铁锤，就是小师傅用的十二磅，他都轮不起来。但他性情极好，让做啥就做啥。莫朴先生也很配合，我真要指使他们干活并不难，但我从不。面对这么两位师长和前辈，我说话礼貌客气，既考虑两位的尊严，又顾念他们的身体，千方百计让他们多休息，很多时候，我一人承担三个人的工作，大部分工具的打制，都是我独自完成。负责地说，两位老师没吃什么苦。

以前我做的活儿，包括菜刀、剪刀、农具，相对难做一些。现在做工具，不用打磨和开刃，少了部分工序，简单了。而且原料以再利用为主，不像以前，用铁疙瘩，又简化了我一些麻烦。即便这样，我也感到吃力，大师傅、中师傅、小师傅的活儿一起做，难免蹩脚。炉火的光映中，大家繁忙劳累，无法言表，加之心情不好，一天也说不了多少话。

工期紧，厂里要工具开工，一大群人排队等着。我们经常连轴转，昼夜加班，片刻不得休息，连吃饭的时间都被压缩。大多时候，就吃送来的两个馒头，我明显瘦了许多。有时，领导来工厂察看，含着慰问的意思，见到我干劲十足，不费分秒的样子，感叹说："这活要是没有胡振郎，可真麻烦了！"

潘天寿院长也来过一次。莫朴看见潘天寿过来，站起身来。潘天寿也站住，立在那里。潘天寿不说话，莫朴也不说话。两人彼此看着对方，互相笑笑。然后潘天寿就转身走了。我看着这一幕，颇多感慨，领悟到智者之间的交流，在思想和心灵，不一定借助语言。莫朴定右派，和潘天寿没关系，他们心里都清楚。

只是我仍然想不通，莫朴和潘韵都是很好的人，德配师表，画技高超。特别是莫朴，位高权重，不居功自傲，对党忠贞，枪林弹雨的考验都经历过，怎么是右派呢？ 1981年，我在上海美协工作，单位组织学习《关于建国以来党的若干历史问题的决议》，此时我豁然明白，自己当年的想不通原来有道理的。

累出了肺病

1959年大炼钢铁，我作为干将，全力以赴，体能严重透支，伤了元气。任务完成后，松一口气，才感觉身体不适。我到校医院一检查，得了开放性肺病。医生说我是累的。

五十年代，虽然青霉素应用于临床，肺病已经不像新中国成立前那样称为恶疾，救治无望。但很多人的观念中，仍留存有旧时代的遗迹，谈之色变，避讳不及。况且我的肺病有一定的传染性。为了清休静养，也为了避免麻烦，不让周围人担心，我没有和同学说出全部病情。但是，我自己的心理压力不小。我明白，如果不能及时治愈，耽搁了学业，可能面临劝退或者留级的窘境。

患病期间，我受到悉心照顾，校医院单独拨出一间病房给我。每天打针，青霉素和链霉素混合在一起，称青链霉素，是当时通用的消炎效果最强的针剂，也很稀缺，不是普通人都给用的。一来当时物资供给不充足，特别是药品；二来青霉素比较高级，我们是大学生，时代精英，校医院才配有青霉素。五十年前，还流行将青霉素链霉素混合，一起用药。后来就很少听到链霉素了，说是容易损害听觉神经，引起耳鸣，造成听力下降，副作用大。医生同时给我吃口服药剂，我记得叫“雷蜜蜂”，可能不是这三个字，但发音没错。

肺病恢复慢，不好治。前后历时半年，过了年已经是1960年，天气暖起来，我的病情也好转，由开放性转入吸收好转期，算是好了。为什么说“算是好了”，因为还有一个钙化过程，等到钙化才算彻底治愈，无忧了。我回归到正常的学习生活。这半年，我没回家，没人知道我患病的经历。

肺病治好后，我担任校劳动部副部长，继续指挥大家干活，发挥所长。我们有个小园子，培植成了菜地，要除草、施肥、浇水、采摘，我有经验，统筹管理这些，但主要精力还是放在学业上。

成为首批学生党员

“以创作教学带基础教学”是美院的传统。而我，因为一直重视学习，很早就开始创作。

1959年，我创作了一幅以自己为原型的人物画《拜工人师傅为师》，描绘打铁场景，应和了大跃进的火热氛围。后来我生病，创作中断，病好后继续画画。1960年，刚升入大学三年级，我创作《公社兽医》，就是后来的《兽医姑娘》，这幅画很成功，也很轰动，算我的成名作。

这时学校来了两位“老哥”，比我年龄大很多，已经三四十岁。一位叫王德惠，一位叫冯白凡，都是转业军人，原来在部队是干部，有战功，爱画画，也画得好，到美院来进修。这两位部队入党的老党员，认为我勤奋、踏实、刻苦、热忱，要发展我加入组织。

当年以学生身份入党，几乎难于登天，因为名额稀缺，很多大学，四年里连发展一个党员的机会都没有。

当然，美院的竞争也激烈，同学们都是通过高考录取而来，千军万马，能过独木桥的都是精英。大家素质都高，都有进步的要求。而且，这次发展党员，是建校以来的首次，组织上极其重视，态度严肃认真，考察苛刻。

国画系、油画系、版画系各有一个发展名额，其他系轮不到。支部开会后，我名列其中。为了保证公平公正公开，使提名更具信服度和说服力，校门口竖起一块大木板，三个预备党员候选人名字上榜，接受群众评议，类似于现在的“公示”。

公示上，写上了国画系的胡振郎、油画系的秦大虎、版画系的唐忠三人的名字，接受大家的审视和评议。每个人都可以在候选人下面提意见。在“批评即是帮助”的宣传下，加上个别不服气、嫉妒的情绪作怪，的确有人提出各种各样意见，我的名字下面，还算相对干净，比其他两位好看点。

经历了各类考察、审查和繁琐手续，在两位老哥的帮助下，我成为预备党员，预备期一年。他们两位就是我的入党介绍人。

我们这批党员，是美院历史上的首批学生党员。新中国成立前没公开发展过，新中国成立后我们是第一批。1961年，我二十三岁，预备党员转正，之后就一直担任国画系团支部的组织委员。

班上的事情还是我和陈家泠商量着管理。周日我们去他家，他妈妈是小学教员，人很和善。他家不大，一间二十多平方米的房子，他妈妈就在阳台，用煤球炉烧年糕给我们吃。一起去的还有潘飞轮，他是潘天寿的同乡，传说还是亲戚，他自己从没炫耀过。我们常去陈家，我就鼓励潘飞轮追求陈家泠的二妹，后来居然成功了。

我、陈家泠、潘飞轮三个人关系密切，经常在一起活动，有时一起去杭州电影院看电影，这是我们为数不多的娱乐。我们看过《冰上姐妹》《万紫千红总是春》《我们村里的年青人》《永不消逝的电波》《五朵金花》……看好电影，照例在边上吃一碗杭州面条，叫片儿串，好吃，学校吃不到。有时我们看晚场，散场后，总是很着急，要在宿舍关门前赶回去。美院管理严格，按时关门，秩序井然。迟归的同学要么跳墙，要么恳求看门大爷开门放行。我们三个从来都守纪律，不迟归，没跳过墙。

一本名家云集的签名簿

大学五年，寒暑九个假期，我鲜少回老家。吸引我留下的是学校食堂和图书馆。一为生活便利，在学校生活，简单方便，虽然放假，也给留校生发饭菜票，有食堂，免去自己烧饭的麻烦。

另外是图书馆，美院图书馆很大，各类书刊俱全，我平时上课，还有学生工作，非常忙碌，牺牲掉很多读书时间，每次都是利用假期，大量集中阅读。我去图书馆，在一排排书架间逡巡，每次认真甄选，留两本书，借回宿舍看，隔两天再换两本。假期结束，补充到不少知识，特别充实。

暑假漫长，我偶尔也会短暂离开学校，往往是去养父的干儿子那里住几天。胡关汉，是我养父的干儿子。其实他们两人年龄相差不大。他住象岩山，那里景色怡人，我读美院之后，对于山水自然，更多一份兴趣和偏爱，爱往他家跑。

胡家背靠一片茂密幽深的林子，往北一座山，以我的步程，四十分钟能到山顶。山顶有古洞，供佛像，偶有人攀爬上山，来进香祈愿。古洞洞口朝南，冬暖夏凉，即使在炎夏季节，往洞口一站也是舒适宜人，而且没蚊子。好几次，关汉哥给我安排一张床，我便住在里面。夏天非常风凉，洞内有山泉，叮叮咚咚，滴流不止，下面放一口缸，喝水、泡茶都用里面的水。泉水清冽，比现在的矿泉水清洁甘甜，更富含有益元素。

回学校后，有时也会与同学讲起夜宿山顶的事情，大家都觉得我胆子大，其实他们哪里知道，我早前的经历，已足以锻炼一个人的胆量和灵魂。对我来说，半夜山风吹过，夜空浩瀚深邃，繁星密布；清晨旭日初升，近闻泉水奏鸣，远望山峦青黛，焉能不陶陶然、熏熏然，恍若仙境。

我和胡关汉很投缘，遂结拜成兄弟。他与我阿哥也交好起来，每年去我阿哥家拜年，从不懈怠，两家人走得很亲近。

在胡家，每次都吃胡关汉母亲做的饭。胡家有个女儿，爱如明珠，叫胡杏花。杏花到十岁还没读书。有次我回去，说起这个话题，我催促赶快让她去读书。我毕业那年，这位老母亲说，要把杏花嫁给我，我没答应，他们此后就不再提了，大家依然亲密无间。后来读了几年书的杏花，如今住着大房子，家里人丁兴旺，几个儿子都有出息。

我另一项爱好是逛旧书店，周末去，假期里去的更多。那里主要买旧书，旧书便宜，有时还是孤本，书店买不到。新书贵，也没必要买，图书馆里基本都有。在旧书店，我买到过《说文解字》《康熙字典》《古今医统大全》……都是线装书。

最大的收获是买到一本贵宾签名簿。过去大户人家请客，有签名留念的习惯，这本签名簿幅面多，制作精美。但它后来变得非常贵重，并非因为精美，它的价值是在岁月中逐渐增加的，由当初的几元钱，最后变成我的无价之宝。因为我后来到上海美协工作，期间还借调到过上海中国画院，认识和交好的知名画家不胜枚举。我就用这本签名簿，请他们画画，留作纪念。先后在簿子上留名的，有林风眠、刘海粟、谢稚柳、陈秋草、诸乐三、潘韵、张大壮、应野平、朱屺瞻、陆俨少、王个簃、程十发、唐云、陆抑非、刘旦宅、吴青霞、陈佩秋……这个簿子简直成了新中国成立前后海派画家的作品集成。

好多次有人愿以各种代价，要购买这本签名簿上的画，有的甚至说用一幢别墅换取，但我从未动心。因为这本册页的每一页上，每一幅作品，都留存着时代的情感，体现着艺术大家对我的关爱。看着有“振郎同志”的落款，我会想起历历往事，心潮难以平静。如今，很多前辈已驾鹤仙去，这本册页更成为一件珍贵载体，承载着我的思念和感情。

三、分科，我学人物画

四明山采风

大学一年级，赶上大炼钢铁、大跃进、人民公社，忙忙碌碌，稀里糊涂就过去了。再开学已是二年级。美院检讨，说运动过多，劳动过多，违反了美术教育的客观规律，打乱了教学秩序，挤占了教学内容，降低了教学质量，应该改正。潘天寿院长也说："学校总是学校，应以教学为主"。

这样情况好了很多，教学、劳动、创作三者之间的关系，教学理所当然放在首位。同时，美院开始试行新的教学方案，规定每学年课堂教学三十五周，劳动和专业实习四周，并在专业教学中调整了基本训练与创作的课时比例，各系各年级基本教学训练得以明确保证。

这学期，我们有了班主任，也确定了各门课程的负责老师。但仍需下乡，当然，绘画写生需要生活实践。这次，我们去温州附近的乐清，一边帮农民插秧，一边采风写生。国画班全体同学加上带队老师，一行二十个人，同吃、同住、同劳动，即所谓"三同"。此时，全国已经进入自然灾害时期，整整持续三年，农民生活困苦。我们沿途能看到光秃秃的树木，据说树皮都被当作粮食吃了。神州大地，一片饥饿的肃杀景象。

这次下乡，我们还是吃上了水煮山芋干，已是让人羡慕。我出身农村，能吃苦，不介意。但来自上海的一位同学受不了，城市的生活习惯影响太深了，比如下田的时候，别人都是卷起裤腿，赤脚裸腿，他偏穿上长袜子，因为担心蚂蟥吸他的血，我们农村来的同学都要笑他一番。一次他还偷偷溜出去，找农民买鸡蛋吃，并让农民烧好当场吃掉，结果被人发现，挨了批评。

频繁的下乡劳动，我们真切地感觉到那几年的生活变化。1958年刚入学，走到哪，吃到哪。那时，人民公社，大锅饭，一切公有，浪费严重。仅仅一年后，放任的后果就呈现出来了，吃糠咽菜，粮食不足，到哪儿都是一片哀鸿。

李棣生是我同学，黄岩人，擅画山水。不知怎么回事，期间系主任派我们去收集革命诗抄，说是作为创作资料派用场。革命遗迹最多的地方，无疑是余姚梁弄的四明山，那里山高林密，当年是打鬼子的游击队活动区，1943年新四军浙东游击队挺进梁弄时，在这里打败过日伪军。

我和李棣生带着随身用品进山了，这里山连着山，爬山，爬山，还是爬山。感觉翻山越岭，永无休止，也明白了为什么这个地方可以打游击。将近晚上，我们才到达目的地，在一户农家住下，一人吃了两个山芋。

好在光阴流转，时不久远，亲历的人还不少。我们在那里寻找当年的亲历者、目击者，请他们讲抗日游击队的英勇事迹，又去实地考察，收集了不少素材，感到很有收获。完成任务后，我们回去和大部队会合。

大部队的人都盼着回学校，因为学校有白米饭、馒头、稀饭，还有白菜汤。这在困难时期，不啻于饕餮盛宴。

这次下乡虽然辛苦，但我收获很大。下乡期间以及回校后，自己陆续创作了很多新体诗，端端正正地抄录在一个本子上。几年前，我找不到这个本子，恍惚记起，好像当年留在了学校。总之，我会作诗的声名，不胫而走。校刊力邀我加盟，后来我担任了编委之一。

大惊失色之解剖课

潘天寿院长强调全面的教育、系统的教育、正规的教育，重视课程设置，期望同学们能有真才实学。在学习态度上，他倡导忘我和投入，要求抓紧时间，争朝夕寸光，扎实基本功。

因此，我们课程多，密度高，排课紧凑。这其中，有一门课贯穿始终，就是临摹名画。除此，我们也上素描课。

国画系的素描与油画系不同，更重视线条，而非光影。用线条勾画人物轮廓，这种白描是中国传统技法，生动清晰。潘天寿一直主张中国画以白描和双勾为基础训练，不同意契斯恰柯夫素描教学体系中关于“素描是一切造型艺术基础”的论调，认为中国画就是中国画，应该保持和继承中国传统。可是当时受苏联教学模式的影响，素描教学向那里靠拢，一度变得复杂。我们当然认同潘院长的观点。

1962年冬天，临近毕业的时候，学院连续举办了一系列学术讲座，与会人员热烈讨论，各抒己见，最后得出结论：素描教学须在现实主义观察和表现方法的基础上，加强写生、临摹、速写和默写的训练，不同专业可有不同要求，流派、风格多样化是好事情。

尽管如此，国画系的教学方法仍然中西合璧，也有西洋画教学内容。比如，我们上透视学，为的是掌握光影交错，明暗变化，便于立体构图；我们学水彩，老师是潘思同。潘老师说，别看水彩是西洋画的东西，对中国画有用，大家要认真学。我们还学裱画，装裱工厂很大，有很多技法精湛的老师傅。院长每天都去巡视。我们自己的画也可以在那里裱。当然，也必须学习装裱技术，而且是必修课。这门课的及格要求是：四尺整张的大画，在不需要帮助的情况下，能独立完成托裱。我很擅长手工活，这门课，我拿到了优秀。

解剖课留下的记忆最深刻。如果不是科班毕业，很多国画家永远不会接触这项内容。按道理，国画系并不需要上这门课，那是雕塑和油画的专业课。因为潘院长强调全面系统教育，便也给我们安排。

授课地点在杭州医学院。由于心理准备不充分，正式上课时，国画系的同学无不大惊失色。医生兼老师，从地下室拉出一具遗体，男性，约四五十岁，开始上课。他持刀稳健，手法娴熟，边解剖边讲解，告诉大家不同肌肉的名称和作用。我没敢靠近，害怕是其次，主要受不了空中弥漫的味道，说不出来的让人难受，是种令人窒息的不适，当天的晚饭都吃不下。

在美院就读，与名师直接接触，不乏各种长见识的机会。这些名家名师，每一位都才情洋溢，早已闻名。他们教学之余，亦创作不懈。于是，院内各类画展繁多，观摩机会应接不暇，给了我们许多“取法乎上”的机会。我看过潘天寿的《雨霁》《雨后千山》和巨幅作品《露气》、颜文樑的《大禹陵》《百果丰收》、黎冰鸿的《南昌起义》、倪贻德的《繁荣的水乡》、方增先的《说红书》，这些国画令我赞叹不已。我兼容并蓄，也看其他画种，比如版画家张漾兮的水印木刻《西泠桥》、赵宗藻的《四季春》、赵延年的《秋色》，王德威的油画《少奇同志在林区》……

美院的讲座也多。各类学术讲座和创作交流，海报贴得铺天盖地。院长强调，美术是综合艺术，需要吸收所有自然科学和社会科学的长处。低年级的时候，我们写生、下生活，常常外出，错过不少听讲座机会。到了四五年级，在校时间增多，集中听了不少，对知识和修养帮助很大。当时，我们对国内一些大画家的名字有了些耳闻，去听讲座，一看，不得了，都是响当当的大师。就以1961年下半学期为例，讲座开了三十多场，主讲人有潘天寿、颜文樑、吴茀之、关良……外地请来叶浅予、石鲁、李琦，还有学者俞剑华、伍蠡甫、徐邦达，等等。

回家乡毕业创作

如今人们提到我，公认是山水画家。只有多年的老友，或一起走过来的同学才知道，当年美院三年级，绘画分科，我的专业方向是人物画。

三年级快结束的时候，开始酝酿分科，四年级一开学，我就到了人物画组。我后面的几届，一年级就分科，入学即选定专业方向，算是一项改革。也是在这一年，中央美院和浙江美院，被文化部列为直属重点高等美术学校。这对我们影响并不大，大家照常学习和创作。

我本钟意山水，但山水名额少，只有三个，定了陈金木、李棣生、徐英槐。花鸟也选好了四个，卞克智、竹庆有、陈正治、施立骅。剩下的全部学人物画。老师对我们说，人物画反映工农兵的风貌和时代精神，有不可替代的宣传鼓舞作用，是党和国家建设的当前所需，今后会大放异彩，前途无量。特别说我："你是党员，应该带头接受组织安排。"当然接受了，也幸好我学了人物画，否则就来不了上海，进不了美协了。这是后话。

我在大学期间，经历过两位班主任，一位是周昌谷，周老师的《两个羊羔》获第五届世界青年联欢会金质奖章。另一位是李震坚，分科后的班主任，浙派人物画的领军人物。

寒来暑往，很快就到了大学的最后一年。这一年，全部课程已经结束，我们开始集中精力进行毕业创作。毕业创作很重要，既是五年学习的综合呈现，专业水平的体现，其实大家都明白，还关乎毕业去向。

毕业创作自然少不了写生。写生点可以选择，听同学们的意见，大部分要求去舟山群岛，那里的普陀山是佛教胜迹，海天一色，风景秀丽。我找到支部，说自己有肺病，没彻底好，去舟山过于劳顿，海边空气湿咸，不利我的康复。组织上说："你必须出去。"我当然知道必须出去，我早想好了地点，就说："我去金华，那里是我家乡，水土适应，有利身体。"

这样，我回到家乡进行毕业创作。劳坚清先生见我回来，非常高兴，说："你就住在我这儿。"我便住了下来。

劳先生有个小女儿，与他住在一起，现在连我一同三人，吃饭和生活主要靠这位小女儿安排，一切都方便。平时我和劳先生一起出外采风，一起交流创作，他说："三日不见，刮目相看。"说我的画很有专业水平。不久我们合作赚到了第一笔稿费。

建国初期，政府要向民众作政治和文化宣传，图画是老少咸宜的好途径。老百姓文化水平低，图画形象直观，一看就懂，特别是在普法教育中，《宪法》《婚姻法》的宣传都是通过图解，许多公共场所都有张贴，大家从中受到教育。金华税务局找到我，要创作一套宣传税法的海报。要求并不高，我又是美术专业画手，我和劳先生合作，很快完成上交，对方很满意，给了几百元钱稿费，在当时算是一笔巨款。这笔钱，我和劳先生平分。劳先生谦让不受，说我的贡献大，后来看我很坚持，也就高高兴兴地收了一半稿费。

这次画税务宣传海报，还让我结识了金华的领导，可以说是家乡的父母官。刚解放那阵，地委书记一级的官员都是功勋卓著的人物。战争结束了，很多部队首长复员转业，到了地方总要安排一个相应位置，很多基层干部都声名显赫，更别说金华地委书记这样的重量级角色了。地委书记是个老红军，战争年代聋了的耳朵，就是他出生入死的战功标记。

书记有一块巨大的象牙片。我见到后，惊叹那么大而完整的象牙，真是稀罕。象牙片通过地委宣传部长朱力光转到我手上，他认识劳先生。朱部长说，知道我是浙江美院画人物画的，好东西要物尽其用，请我将李琦那幅著名的《毛主席走遍全国》画在象牙上。我只管画，他另外找人雕刻，后来再也没有见过那件作品。但这件事之后，我和朱部长成为朋友，偶有往来。1963年秋我陪同林风眠先生去金华写生，就是朱部长接待我们。

我心里清楚，此次回家乡，主要任务是毕业创作，不能顾此失彼。金华有个水稻专家叫陈双田，长工出身，后来做了领导，报上宣传他，称为“赤脚书记”。他钻研业务，在改良水稻提高亩产方面很有成绩。1962年，他被评选为全国劳动模范，到首都北京去开英模会。了解到这些情况后，我灵机一动，就以他为原型，创作国画《迎英雄》作为毕业作品。

确定选题后，我便回到学校，准备开始创作。

此时，两个半月过去了，去舟山的同学们也回来了，都开始忙于毕业创作。

毕业作品《迎英雄》是工笔人物画，耗时费力，需要一丝不苟、精益求精，更体现和检验专业水平。一共画了三张，第一张是草稿；第二张自己收藏，至今还妥善保存着；第三张交学校，算毕业作品，1964年还到上海展出过。

这次下生活时间长，我的感受也更深刻。我的体会是，好的创作必须具备两个要素，一是要下生活，融入其中，深刻感悟，认真体会，把素材理解透；二是要有感情，带着情感创作，情感会转移到作品中，升华出思想和灵魂。读者能够从一笔一画感受到作者的情感，从而产生共鸣。

去上海报到

五年的学习临近尾声。

对街的西湖里荷花盛开，香远益清，弥漫进美院的校园。空气里开始有离别的惆怅，大家依依不舍，又意气风发志在四方。毕业典礼在操场举办，潘天寿院长亲自出席。潘院长给我们写毕业留言，轮到我，潘天寿用自来水笔写下一句："品德至上，艺术至上"。这是院长的一贯思想，我奉行不二，努力为之。

接下来是等待毕业分配，大家都很紧张。计划经济时代，人生的很多大事都由组织决定，学生的分配也由组织包办，据说有的到了单位后，连婚姻大事也由组织考察决定。事实上，往往是分配定终生，因此大家既期待，又恍惚不安。

同学们都很关心，有的有点门道，便四下打探，希望早点明确去向。我也一样，因为是党员，还比别人便利些，一些信息都先到党支部，我们往往优先知情。组织上也依靠我们，很多同学心里有想法，需要党员去帮助说服。

当时透给我风声，说我可能分配去浙江省手工业管理局，就是我在萧山铁工厂期间，审批我晋升干部的那个单位。我心里暗想，真是缘分。我在杭州呆了五年，很喜欢这座城市的繁华与优雅，能留下来工作，也好。

没想到，仅仅两个晚上，原定的分配方案被推翻，新的去向是上海，国画系六位同学，陈家泠、梁洪涛、施立骅、汤起康、卞文瑀和我接到通知，做好去上海工作的准备。美院里，一同要去上海的，还有油画系的秦大虎、邵传谷、步欣农，版画系的王悟生、唐忠等同学。大家都很兴奋，毕竟是大上海。

1959年春天，班上组织写生活动，去过一次上海，十几个同学结伴而行，这也是我第一次到上海。我们在上海呆了三天，印象深刻的就是外滩。大家在江畔漫步，看外白渡桥，桥上车来人往；看高楼大厦，气势雄伟；看载有工业原料的船舶，行驶在黄浦江上，不时发出阵阵汽笛声。这就是传说中的“大上海”吗？同学们都很兴奋，一起合影留念。

因那时交通迟缓，杭州到上海，单程要花费三四个小时。时间有限，我们没再去其他地方。但这已经足够，这次沪上远足，给我们留下了良好印象。上海，成为很多同学向往的城市。没想到，毕业分配竟然去上海，这样工作在上海，生活在上海，成为名副其实的上海人，分配去上海的同学没有不愿意的。

后来才了解到分配的一些背景情况。六十年代初，柯庆施主政上海，要大力发展文化事业，计划从全国招收一批又红又专的大学生，支援上海。上海在全国的地位很高，几乎人人向往，这项号召立即得到各地响应，我们恰逢毕业，理所当然成为目标。这一年，全国共有五十多名美术人才来到上海，后来我在美协，拿着名单通知大家开座谈会，所以知道这个数字。

学校放假前夕，学校通知我去取报到单，去上海报到。

四、延安西路238号

进美协如量身定制

上海，将开启我一段新的人生和事业。

延安西路238号，是中国美术家协会上海分会的地址。半个多世纪以来，美协的名称更改过，从中国美术家协会上海分会，到上海美术家协会；工作停顿过，“文革”十年名存实亡；人员不断更迭，调进调出，老人退休，新人加盟。唯有办公地址从未改变。

1963年8月25日，我到外滩的上海市人民政府报到。很多人是第一次到上海，路不熟，又怕迟到，都早早到了。我虽然不是第一次，但也来得早。当时，上海市人民政府在外滩中山东一路12号，原汇丰银行大楼内，如今是浦东发展银行的总部驻地，门口还有武警站岗。来报到的人，在大楼外排好队，秩序井然。我站在队里，前后张望，看到一张张年轻的脸上洋溢着喜悦。

一起等候的，还有浙江美院的其他同学，大家叽叽喳喳，猜测着具体的去向。虽然学校已将我们派遣到上海，但具体去哪个单位，那是上海的权限，由上海方面说了算。人群中，还有国内其他地方院校的来沪毕业生。大家的共同之处，除了应届毕业，还有一点，都是人中翘楚。上海这座精英荟萃的城市，每年汇聚着全国最优秀的人才。

九点钟，大门准时打开，办事人员开始收取、核对报到材料。但方法是通过大喇叭广播，通知有关人员报到。喇叭一响，队伍轰然解散，大家低声赞叹，说广播叫名字，比排队方法科学。有的人一早赶来还没吃饭，有的在八月的酷暑中已然头晕，有的站了个把小时腿脚乏力……此时纷纷去阴凉下休息。

我和陈家泠是一起被叫到的。我第一个，陈家泠第二个，我们赶快拿出户口本、报到证，走进一楼大厅，办事台后的工作人员核对后，拿出两张早已准备好的报到函，放到我和陈家泠面前，双手一分，一人一张，对我说："你去美术家协会。"对陈家泠说："你去美术专科学校"。就这么简单利落，并没有多说一句话。我们拿好报到函，走出办事大厅。这是我第一次感受到上海的办事效率，而且手续规范。

一起来沪的同学中，我和陈家泠的去向比较好，大家都很羡慕。其他几位，有去工艺美术厂的，有去搪瓷厂的，都做器具上的工艺美术，如在脸盆上、保温瓶上绘画。海派绘画，从吴昌硕开始，以花鸟取胜，也有部分山水画家，人物画画家相对稀缺。当时上海美专的老画家郑幕康即将退休，美专传统人物画家捉襟见肘，所以请陈家泠加盟。

我去美协，比陈家泠的原因复杂一二。

今天的上海美术家协会，在1963年时，称中国美术家协会上海分会，是北京的直属机构。这一年，美协补充新人，定了三条标准：一要党员，二要国画人才，三是最好国画中的人物画。

这三条，简直是为我量身定制的一样。美协是把握政策的机关单位，对政治素养有要求，当年学生党员凤毛麟角，可以说，我是绝无仅有的一位，这一条就把其他人卡掉了。待我正式进入美协，工作中看到过当年一起来沪工作的五十四个美术毕业生的简历，既学国画人物画，又是党员的，的确就我一个。据说，全国美术院校，那年只有浙江美院发展了学生党员。

海上画坛，五六十年代，为了适应新形势，配合国家的文化教育宣传，得画新人物画，并且要策划这方面的活动，需要大量国画人物画家。但情形并不乐观，程十发画少数民族题材，大头娃娃，生动传神；刘旦宅画传统人物，道骨仙风，婉约清灵……想来数去，屈指可数，于是总想着加强现代人物画的力量，最好从学校毕业生中培养和使用。

主席丰子恺很少来美协

我和陈家泠一起离开外滩，大家各奔前程。他去中山公园附近的美专报到，我去延安西路238号上海美协。

1963年夏天，延安西路238号门口挂着四块牌子，分别是：中国美术家协会上海分会、上海戏剧家协会、上海音乐家协会、上海摄影家协会。四个单位共用一座花园洋房办公。戏剧家协会在一楼，三楼是音乐家协会。一楼有门厅、会议室，三楼是顶层，面积都不大。二楼的美协办公面积最大，占据了整整一层楼面。摄影家协会就四个人，在美协边上分给一个房间。

仅仅几天时间，领导和同事介绍，加上自己的观察，我便对美协的机构情况有了大致了解。主席是丰子恺先生，他是漫画家、散文家、美术教育家、音乐教育家、翻译家，一个多方面有卓越成就的大师级人物，在上海文化艺术界威望很高。但我很少见到丰老，他还兼职画院，同样担任画院院长。他喜欢在家画画，很少到单位里来，日常工作交由秘书长吕蒙处理。副主席有七位，林风眠、沈柔坚、张乐平、唐云、王个簃、颜文樑、杨可扬，蔡振华是副秘书长，还有个机关书记、管人事的张云聘。

机构上，美协很精简。设有办公室，管综合事务；人事科，管人事和档案资料；理论研究室下辖资料室，保管创作素材；展览部两个人，副秘书长陈秋草兼主任，领导一个兵。这个部门主要统揽上海美术展览馆的各种展览，陈秋草能者多劳，他还是上海美术馆第一任馆长。

接待我报到的是蔡振华。他是林风眠的学生，1932年国立杭州艺专毕业，当时是美协会员工作部主任。管理和服务会员是美协的核心职能，会员工作部工作量大，任务重，牵涉面广。我就分在这个部门。

部门内部还有详细分组，按画种分十个组，分别为：国画、油画、版画、雕塑、漫画、年画、连环画、儿童画、理论、工艺美术。我来之前，会员工作部，加上主任是四个人。我来了，变成五个。第二年又来了一个，叫项宪文。能进美协，都是些才华出众的青年，小项当然不例外，后来我把他发展成了妹夫。

同事里，还有一位叫何振志，管西画组。何家早年家境殷实，她先生是银行家。何振志向张充仁学过油画。张充仁大名鼎鼎，和埃尔热创作《丁丁历险记》，就是《蓝莲花》里面“张先生”的原型。何振志画得好，交际也多，认识宋庆龄先生。退休后，去了美国，终老在异域。版画的负责人是邵克萍，儿童画、漫画、雕塑的负责人是王益生，蔡振华亲自管工艺美术，国画是大宗，交给我。内部分工就是这样。

别看美协服务的都是艺术家，要干好并不容易。对工作能力和素质素养要求很高。要自己会画，还要懂画，说得出一二三，对外协调，上下沟通，与各色人等打交道，都要应付得体。我从小铁匠到机关干部，从永康农村到摩登都市，虽然中间历经学生阶段的调节和适应，要融入上海城市文化，不那么容易，仍然需要个过程。入职初期，我经历两件小事，颇能反映当年的实况。

刚工作不久，蔡振华找我，提醒我与画家联系时，态度要客气，不好用命令的语气。我心想，我对会员都很尊敬，不少还是我仰慕的对象，在与他们沟通中一向热情谦虚。是哪里出了问题？我问自己。后来想明白了，我从外地来到上海，习惯大声说话、直接表达，与上海人的委婉和吴侬细语差距较大，被误解了，尤其在电话里，怕有的老先生听不清，更是扯开了嗓子。这件事提醒我，到一个全新的环境，身份变成了工作人员，要学习的事情很多。

另一事。刚开始上班，我热情似火，情绪非常饱满，就想在参加工作伊始，给领导和前辈留下好印象。加之我本来就勤快，喜欢劳动，总比别人来得早。一天，大家上班之前，我已经将地板用水拖得干干净净。蔡振华来上班，看到了，问是我做的？我想他可能要表扬我，我一定要谦虚才对。结果，他笑了，很和气地说：“小胡，你不用拖地，我们的地板定期打蜡，用水拖就白打了。而且有专门做卫生的阿姨。”我顿时红了脸，心想，浙江美院也是木地板，我们都用水拖，上海真高级，地板打蜡，服务有专人。

特殊会员赵丹

管理和服务会员、主办或协办美展、组织与发展创作力量，是美协最核心的三项职能。三项职能都与我相关，而我对口的国画组管理，已经比其他几个组的工作量翻上好多倍。美协共有三百二十三个会员，其中全国会员四十人，国画组一百二十人，油画八十人，这两个大组占据了半壁江山。这些数字，我至今都记得清楚，因为我到岗第一件事是抄会员名单。

这些会员中包括一类特殊成员，叫无所属会员，也归我管。无所属会员集中于两类情况，一是大画家，新中国成立后没有加入任何组织或单位，如林风眠、李咏森、金梅生、金雪尘、李慕白、杨俊生、谢幕莲等人；另一种是自己想加入某个单位，一时没机会的，如姚有信、李天心、陈希旦、陶烈哉等。总共有二十来位，都按月发给补贴，也要管理好、服务好，不能变成散兵游勇。

美协很重视对这些艺术家思想的改造和提升。每周六上午，这些无所属会员来开会学习，我传达上级精神，阅读文件，宣传地方政策，还组织他们交流思想，分享心得，就在二楼的会议室。他们资格老，个性强，不过还算好，大家都能参加学习，一起讨论，没有什么大的不愉快。

除了这群无所属的会员，美协还有一位特殊会员赵丹，他名气很大，是著名电影演员，怎么变成美协会员？来源特殊，他是北京直接定的中国美协会员，自然也就是中国美协上海分会的会员了。别的会员都必须先成为上海的会员，再推荐上去，才能成为全国的，他反过来了。赵丹早年在上海美专攻读美术，毕业后虽然没成为画家，却一直喜欢画画，有兴趣，也画得好。我在会员名录里看到他的名字，很意外，问领导，这个赵丹和演电影的赵丹是一个人吗？领导说，是啊。但我和他接触很少，因为他不搞创作，平时开会也不来。

“文革”中，赵丹关在蓬莱路上海第二看守所，1978年出狱后，他住在淮海西路，我去过他家，开始有了接触。

那次，江寒汀弟子富华在马当路的一个防空指挥所内开画展，邀我参加，我去了。期间，他对我说："小胡，有件事请你帮忙。"我说，别客气。他说："赵丹需要两瓶墨汁，你能不能弄到，给他送过去。"我后来找到赵丹家。赵丹把我让进门。我看到他家墙上挂着几幅画，几幅字。桌上放着砚台，是汉砖，难怪他要人送墨过去。他自己解释说："我用汉砖，磨墨快，但费墨，墨汁也粗，所以需要现成的墨。"

临走时，我向他告别，他突然叫住我，问道："你喜欢我的画吗？"我一看，他的画都是山水，其时我正在向山水画转型，很有兴趣，就说："喜欢。"他就拿了一张给我，二尺的。赵丹又说："书法也拿一张吧。两个一对，都是二尺。"他很直爽。

我接过来一看，落款不是"赵丹"，是艺林，那是他的笔名，业内的人都知道。我想刚好有机会，就问他为什么不用本名，"赵丹"不是大名鼎鼎吗？他说自己写得和画得不够好，不好写"赵丹"，那是拆自己的台。他蛮谦虚的，我感觉他写和画都不错。

这次见面，彼此都留下了好印象。不久，赵丹再次找我，不再通过他人，他直接向我要了些宣纸。再后来，很长时间都没有他的消息，别人告诉我说，赵丹去北京看病了。几次与赵丹接触，我都没见到黄宗英，可能不凑巧。七十年代初，挖防空洞的时候，美协和作家协会同属四连，我见过黄宗英到美术馆来烧饭。那时赵丹在狱中。

频繁深入基层

管理会员这项工作于我，难度不大。真正的挑战是美术展览。美协办展，分为两类。

先说协办。主要是国家或者中央层面，要举办展览，我们组织上海作者创作，作品筛选后报送过去。典型的就是全国美展，也有国际上的，比如在红色之都莫斯科举办的十一个社会主义国家造型艺术展，等等。

另一类是主办，上海范围内的美术展览或评审。那就太多了。

除此，有时也和其他部门或者省市联合办展，接待一些展览的巡展，这时的工作相对单纯，比如1964年中国人民解放军美术作品巡展到上海，我们就发发通知和请柬，安排场地，接待来人，偶尔间夹进几个上海作者陪展。付出的多是体力，相对轻松。辛苦的是主办和协办。

无论哪类展览都要有人有物，人就是作者，物就是作品。上海有绘画传统，名家云集。但要参展，出好作品，有时仍然资源匮乏。我总结过，主要三个原因：其一，上海的画种发展不平衡，花鸟最盛，山水次之，人物画稀缺。当时搞社会主义文化宣传，展览最需要人物画，而不是闲情逸致的花鸟、山水。每遇展览，我既是组织者，又是作者。工作时间策划联络，下班回家自己展稿创作，身兼多个角色。

其二是不少老画家艺高德重，颇为自负，要说服他们画些应景和合拍的主题，并不那么容易。我对老画家尊敬，相处融洽，愿意为他们做事，他们也了解我，所以沟通上还能顺畅些。

第三就是画家队伍建设。上海没有比肩中央美院、中国美院的那种大型美术院校，老画家们成名于新中国成立前，习惯旧式授业，画艺传承依赖师傅带徒弟。人物画大师匮乏，徒子徒孙就更少，画家的培养无法量产，展览所需的一批年富力强的创作主力得不到满足。

在这种情况下，只得另辟蹊径。作为新中国工业基地，上海大型企业鳞次栉比，各类人才层出不穷，群众艺术辅导在某种程度上弥补了创作生力军来源的不足。六十年代，群众文化生活热火朝天、如火如荼。我多次下工厂，辅导群众进行艺术创作，力图让有潜力的工人画家脱颖而出。

上钢三厂、上钢一厂、重型机器厂、江南造船厂、沪东造船厂，是传统的五大厂。这五大厂我去得最多，也发掘出不少人才。上海的工人阶级，真是藏龙卧虎，杜家勤、叶雄、蒋克余等人都来源于这条渠道。别的厂也去，包括崇明在内，我坐船过去。

去工厂，路途遥远，往往一去就是一天。这种万人巨厂，规模庞大，有时进了厂门，还要走上十几分钟才到地点。中午就在厂里，和工人一起吃。下工厂很累，但心情好，一方面不自觉地被工人的热情感染，另一方面很受尊重，工人们对美协来人总是客气有加。

其他机关也去，当时交通运输局创作能力很强，“文革”前后佳作不断，很多画家也去体验生活，创作了一些反映社会主义新气象的作品，比如《平板车》《万吨水压机》。以前上海重型机器厂归交通运输局管，《万吨水压机》就出自那里。

学校也去，上海的高职以上学校我都去过，能列举名称的不下四、五十所，从复旦、交大、师大到基层技校，去辅导国画创作，给他们上课。学生们都认识我，有时我走在路上，会遇到打招呼的，说是我的学生，在哪个地方听过我的课。

去得最多的还是美专。陈家泠在美专，比去其他学校多一层感情。而且美专对口，培养的就是美术人才。我有空就去，摸清情况，了解资源。

这么多辅导对象，我就是三头六臂，也分身乏术，何况还要去郊县，金山、松江、崇明、南汇、青浦，那时交通可不像现在方便。有时去一趟要转好几次车，舟车劳顿。冬天日光短，碰上事多，在当地呆的时间长点儿，就要两头见星星。一次，在赵巷古镇，遇上大雨，不仅淋成落汤鸡，还满脚是泥，又冷又狼狈。

因为频繁深入基层，我在很短时间内掌握了上海群众艺术创作的实际情况，知道有哪些人才，有哪些资源，都分布在哪里。也结交了很多好朋友和志同道合的知己。

我的工作风生水起、热火朝天，呆在延安西路238号的时间，比那些常年坐班的少，现在说起来，属于接地气，善于搞调研。平时开会，每每谈起一个问题，我都能说得有理有据，其他同事感到我对情况非常熟悉。

沈柔坚、蔡振华很欣赏我的工作方法，说胡振郎到美协，真是人才难得。大概明的表扬我，暗指有的部门人员，一杯茶，一张报，一天就过去了。有时我想想，在美协，有的人只做手头工作，是一条腿走路；边工作边创作的，是两条腿；而我，是工作、创作、教育并行，三条腿。话是这么说，其实各人个性不同，工作风格也不会相同，如是而已。

图1　1958年夏，胡振郎入学浙江美院后，在画桌前留影

图2　1961年3月，学校组织去杭州动物园写生，胡振郎创作的速写《虎》

图3　1959年秋，胡振郎于永康家乡创作的速写《收获》

1

2

3

图1　1962年2月，浙江美院国画班同学在西湖三潭印月写生，前排右二为胡振郎、左二为陈家泠

1 | 3
2

图1　1962年春，胡振郎（右三）参加杭州市和浙江美院组织的学生民兵训练

图2　1962年春，浙江美院组织学生足球赛，国画班足球队赛后合影，右五为胡振郎，右七为李震坚老师

图3　1963年2月，胡振郎（右）与同学陈家泠合影，当年两人分别担任国画系团支部组织委员和班长

图1　浙江美术学院63届全体毕业生合影，前排左十为院长潘天寿、左九为党委书记高培明、右七为副院长黎冰鸿、右五为工艺系主任邓白教授，后排右二胡振郎

图1　1961年5月浙江美院63届国画班部分同学来上海写生时，在外滩留影。后排左一陈家泠、左二胡振郎，前排左起为潘飞伦、汤起康、丁良义、吕业翔、吕岐亮

图1　1962年胡振郎准备毕业创作时在金华农村写生的老农像

图2　1962年胡振郎在金华下生活时为劳坚清先生和小女儿在写生时留下的速写作品

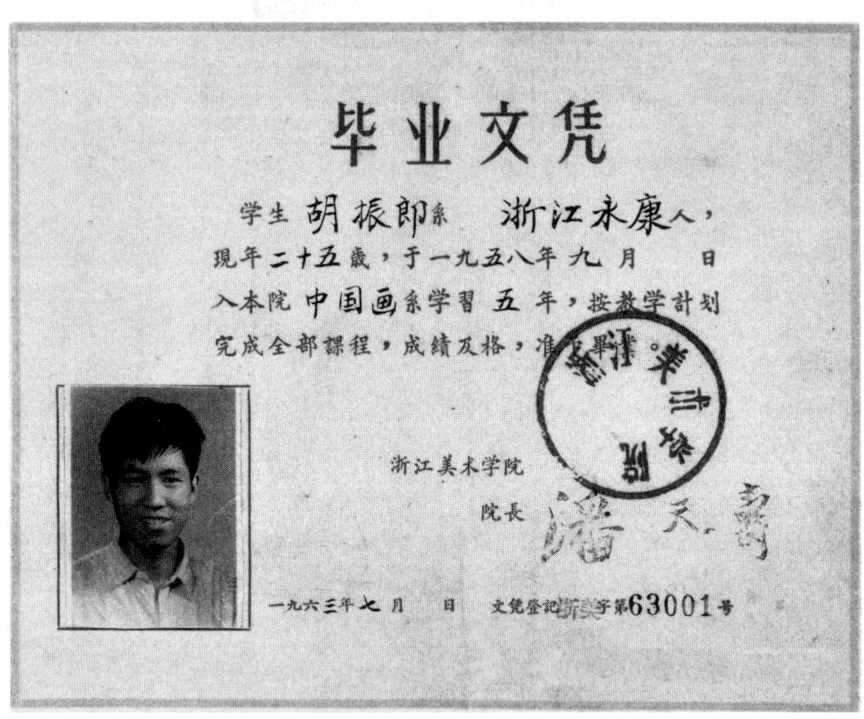

毕业文凭

学生胡振郎系浙江永康人，现年二十五歲，于一九五八年九月 日入本院中国画系学習五年，按教学計划完成全部課程，成績及格，准予毕業。

浙江美术学院

院長 潘天寿

一九六三年七月 日 文凭登记浙美字第63001号

图1 二十世纪六十年代初，刚参加工作的胡振郎
图2 1963年8月25日，胡振郎毕业分配到中国美术家协会上海分会工作
图3 1963年胡振郎获得由潘天寿签发的浙江美术学院毕业证书，证书编号63001

1 | 2
3

第四章　蹉跎岁月

一、锦年盛时话美协

为美协党组作会议记录

1964年是我在美协工作的第二年。

经过一年的工作，我对美协内外的人和事都比较熟悉，在协调会员、组织画展、参与创作、基层辅导等方面已经游刃有余。美协内部，从沈柔坚、吕蒙到陈秋草、蔡振华，对我也很认可和信任。他们逐渐让我承担起更多更重要的工作。

《党章》规定，七人以上党员可以成立党支部。我们单位有八九个党员，和摄影家协会成立了联合党支部。张云聘作支部书记，宣传委员是办公室主任卢坤，也是个老革命。支部成员推举我作组织委员。我一听诚惶诚恐，不敢当，那么多老革命、老前辈，哪里轮得到我，况且美协有了宣传委员，摄影家协会方面担任组织委员也合情合理。后来还是上级决定，说党员要服从组织安排，让我当了组织委员。

六十年代，上海美协辉煌鼎盛，行政级别也高，是正局级单位。党组成员汇聚了美术界各领域的领导。美协的沈柔坚和吕蒙、人美的李槐之、上美厂的特伟、中国画院的程亚君、上海戏剧学院美术系的叶飞，上海儿童出版社也来人列席。此外就是我，因为当了组织委员，不久我被安排参加美协党组会，负责会议记录和存档工作。

上海市文化局局长方行任党组书记，沈柔坚是驻会的党组副书记。我总感觉这俩人思路不太合拍，后来方行退休后，就是沈柔坚担任书记。

我知道，参加党组会是组织对我的信任，一定要遵守组织原则，严守秘密，因此从不把会议的情况透露给他人。也因能参加这个核心会议，了解到很多上海美术界重大决策的出台内幕。时隔一个花甲，当年会议讨论的许多细节早已淡忘，一些当年的秘密，早已不再神秘，但有一些情况仍颇具趣味。比如，有关上海中国画院的筹备和成立。

我到美协的时候，画院已经成立，美协主席丰子恺也任画院院长，只是他不常来美协，也不多去画院。零碎的信息中，我能拼凑出画院成立时的情况。

成立画院，赖少其功不可没，他位高权重，资历深，皖南事变后从上饶集中营越狱，为人敢担当，说话有人听。反右的时候，一些人因出身不好或说话不慎，处境艰险，赖少其保护了不少人。

画院成立，最大焦点是院长人选。当时有几个选择，一轮轮的讨论非常艰难。吴湖帆资格老，呼声最高；贺天健有华君武支持；王个簃和唐云思想进步，政治觉悟较高。这些候选者都是国画大师，水平伯仲之间，使抉择变得更加无措。最后确定丰子恺出任院长，王个簃、贺天健、唐云、程亚君任副院长。在所有的方案中，这是最优的结果，丰老画漫画，各方比较能接受。说到底，建国初期，上海画坛大师云集，名家太多了。

陈佩秋推举我做组长

我和很多名家都相熟，他们都是美协会员嘛。其中，与陈秋草和唐云两位接触最多。

陈先生祖籍浙江宁波，祖上富足，家乡有良田万顷，传到他手里，因为热爱美术，陈先生变卖了大部分家产，创办白鹅画室，收藏古董名画，资助朋友。钱当然没了，其眼光和修养却精进不已。刚到美协的时候，我看到很多人，包括美协、画院的人，经常向陈秋草讨教，拿东西请他鉴定。

美协的这些副主席和副秘书长，张充仁先生不怎么来，唐云先生经常来。他妹妹在美术展览馆工作，他们兄妹手足情深，他也经常去展览馆溜达。

唐先生性情豪爽，乐善好施。有的画家敝帚自珍，惜墨如金，难得送画；有的画家不轻易给人画，怕仓促间画不好，失了水准；有的画家懒，不爱动笔。唐先生好说话，有时他已经很累了，参加完活动或者刚开完会，满头大汗，有人凑过来，说："唐先生，给我画张好吗？"他几乎都欣然应允。唐云先生人缘特别好，大家都喜欢他。

不过，他的为人慷慨，也给自己身后带来了苦恼。唐云一生画了不少画。后来杭州成立他的艺术馆，他却拿不出东西，作品都送人了。据说有人手里有他上百张画，但舍不得拿出来。

唐云先生见多识广，鉴赏水平极高。我有次看中一只白瓷镂空笔筒、一个铜盘，但没把握。问唐先生，他只搭一眼，就点头，说："小胡，可以买。"我买下来，至今还在用。

陈秋草和唐云两位先生，为国家收购来不少珍贵藏品。任伯年一幅《群仙祝寿图》，说是国宝也不为过，就是通过唐云向著名收藏家钱镜塘先生手里购得的。我听人说，唐先生经手和把玩过的珍品不计其数，他床底下堆着很多好东西。

任伯年的这幅《群仙祝寿图》，真迹我见过，叹为观止，真正的惊世之作。十二条屏通景构成的"组画"，表现西王母庆寿蟠桃会的隆重富丽场面，画中有西王母、宫女、群仙共46个人物。与别的仙界题材绘画不同，任伯年笔下的神仙形象平易近人，可亲可爱。这幅画始终收藏在上海美协，当之无愧的"镇殿之宝"，不轻易示人。

远在西安的画家刘文西，得知上海美协收藏《群仙祝寿图》，非常神往，与夫人陈光健专程来到上海，恳请沈柔坚同意，临摹《群仙祝寿图》。他们夫妻是同班同学，1958年从浙江美院国画系毕业后，双双被分配到西安美术学院任教，可说是我的学兄学姐。

这夫妻俩科班出身，都是人物画高手，一起动手，《群仙祝寿图》十二条幅，临完一幅换一幅，整整临了一个多月。其间，他们就住在上海美术馆楼上。我一直照顾他们，彼此建立了很深的感情。

刘文西夫妇对那次上海行印象深刻，对自己临的《群仙祝寿图》很满意，很珍惜。我也很羡慕他们，能够有这么一个机会来之不易，书画界多了一份任伯年作品的摹本。美协不比专业的美术馆、博物馆，展品不对外开放，公众难见藏品。有了摹本，书画爱好者多了观赏的可能和机会。

在美协工作，常能见到外地来访的书画大家。1964年，苏州的费新我来访，大书法家，字写得好，给我写了一张留念，我现在还留着。

六十年代初是中国画坛的黄金时代，画家思想活跃，创作激情火热，佳作迭出。各个画派相互交流，相互尊重，关系都非常密切。傅抱石、亚明也来过，我也参与过接待。当时金陵画派专攻山水，在美术界造成一定声势。我当时存着画山水的志向，这是大学分科时就有的想法，一直没幻灭，所以很是留意金陵画派。

之前，傅抱石、亚明、钱松喦、魏紫熙、金志远等几位金陵画派的代表人物，组织了一次“壮游长江万里”活动，回来后，出了一本作品集。我买来研读，对其中钱松喦的话记得深刻，“不看真山真水，就没有资格画山水。”他的观点和石涛一脉相承，是画家亲身经历的真知灼见。我在多年的山水写生中，对这句话越加认同。

长安画派的石鲁、赵望云、方济众、刘文西也来过美协。他们依托西安美术学院，文化底蕴深，作品讲究意境，比如石鲁的《东方欲晓》、《转战南北》，我都仔细看过，极为欣赏。我在美协见过关山月、黎雄才、杨之光等岭南画派代表人物。

海上画派的成就主要在花鸟画领域。当时江寒汀、张大壮、唐云、陆抑非合称花鸟画的“四大名旦”。

这一年美协组织上海画家，去北京举办了一场花鸟画专场展览，影响很大。海派也有山水，吴湖帆、陆俨少、贺天健、应野平、俞子才也创作出不少经典作品。当时老一辈画家都在，很多后来崭露头角的中青年画家，还寂寂无闻。

此时，美协中国画组长是王个簃、副组长陈秋草、唐云。王个簃说自己老了，建议改选。我通知大家来开改选会。会上陈佩秋推举我做组长。这一年我才二十七岁，准备卸任的王个簃是吴昌硕入室弟子，我怎敢和他比肩。我连忙表态说，不敢，不敢。不料与会人员却支持陈的建议，非要让我担纲。我想，组长万万不可，于是提了一个折中方案，说："我做副组长吧，挑担子，具体干活，你们从中国画院找个组长，有身份，有资历的。"最后定了邵洛羊，当时他是画院业务室主任。

《兽医姑娘》出了年画

再说说六十年代初美协的展览。没有调查，就没有发言权，我在美协工作，了解上面的政策动向，当时整天跑基层，熟悉情况，心里有底，所以上海美协要举办什么展览，无论是何主题，美协主办还是协办，我都知道哪里下手，比如谁擅长这个题材，放在那里举办效果好、影响大。

1964年6月，美协举办"生活新赞——上海国画人物画展"，秘书长吕蒙让我发通知下去，广泛动员，包括新来上海的美术院校毕业生，都到美术展览馆开会。美协通知一发出，所有人都到了，我看着手里名单，知道和自己一起来到上海的美术新人是五十四个，来自北京、杭州、西安、南京、广州、沈阳等地。

组织"生活新赞"展览时，我到美协工作不到一年。这是上海美术史上第一次人物画展，以前没有过。让我组织这场活动，有多种因素，既是美协人手紧张，也是我一年来的工作得到认可，何况我还是画人物画专业，美协领导觉得我有这个能力可以承担。于是当仁不让，挑起了这副担子。

这次画展很成功，《解放日报》等都进行了报道。美术界知道上海已经建立起一支能创作的人物画队伍，弥补了这方面的短板。通过这次展览，上海美术都知道，美协新来了个年轻人，叫胡振郎，算是为自己提升了知名度，个人成就感很强。

之后是"公社风光美术作品全国巡展"，北京——上海——广州，由北向南，上海是展览第二站。

公社风光，这个题材对我应该不成问题，但当时已经比较忙，来不及重新创作。我将浙江美院三年级时的旧作《公社兽医》，稍加修改，重新命名《兽医姑娘》，提交展览。因为切合了形势，又有独到之处，在北京展览期间，这幅作品颇为轰动，《美术》杂志、《人民日报》《文艺报》《解放日报》《文汇报》《新民晚报》对此都有报道。当时，我刚到美协，忙于工作，没想到在创作上也引人关注，自己感到很自豪，心里得意，把有关此幅作品的报道，都剪下来保存，迄今还有十七张。

上海人民美术出版社对这幅画感兴趣，请我用工笔重彩又加工了一番，作为新年画出版发行。为此，我到上海人美呆了一个月，期间结识了韩敏、刘旦宅等好友，还拿到一笔丰厚的稿费。

年画发行量大，边远农村都会张贴。1974年，我去西藏，西藏美术界一位朋友，说十年前就通过《兽医姑娘》认识了你。黄苗子的爱人，著名女画家郁风，看画后，马上动笔写了一篇评论文章。举办展览的中国美术馆联系我，希望等巡展结束，能收藏这幅作品。可是天有不测风云，巡展结束，已经1965年底，临近“文革”爆发，事情也就不了了之。

这一年，还有一个军事题材画展，记得上海的张培础和吴彤章都参加了。张培础当过兵，他创作的《闪光》就在这次画展推出，成为他的一幅代表作。展中，我写了一篇文章，评论《童年旧居》，是我的第一篇文艺评论。

二、陪林风眠先生写生

去金华“下生活”

1963年,美协组织吴青霞等画家到青浦朱家角参观、写生,由我具体安排,去了三十几个人,顺利完成任务,画家们都很满意。那时交通不便,去趟朱家角路途遥遥,不亚于去外地出差。

回来后,蔡振华对我说,他也想带几位画家到农村看看。上世纪五六十年代,从事创作之前,必先去实地考察采风,甚至与当地百姓同吃同住同劳动,谓之“下生活”。

我说:“去金华吧。那里风景好,我也熟悉。”

他说:“好。”很快组织起了队伍。我一看名单,都是大画家,有林风眠、周碧初、李咏森、丁浩,人不多,蔡让我一起去。

美协的画家中,林风眠先生资历深厚、声誉显赫。林先生是中国美术教育的重要奠基人,早年留法,归国后创办了中国第一所公立美术院校——国立北平艺术专科学校。后来,林先生又到杭州国立艺术院任校长,杭州国立艺术院是我母校浙江美院的前身。

参加美协工作后,我在会员名录中,见到他的名字,非常激动,一来林先生是大师,他的画中西合璧,登峰造极;二来我视他为师长,心里感觉很亲近。

但我接近他的机会并不多,不单是因为我年轻,资历浅。林先生与其他人,包括部分老画家的接触也有限。他待人客气、礼貌、克制,却并不亲切。他修养很好,自律性强。每次美协开会,有活动,他都来,自己乘坐公共汽车从南昌路过来，从不随意缺席，而且准时。

这次写生，蔡振华领队，我做后勤保障。其实，蔡振华也是画家，还是林风眠先生的学生，但和前面三位老画家一比，就给比下去了。当时我刚参加工作，一切都很新鲜。我好奇，有热情，马上很期待和他们共处，既想看看这些成名的画家如何创作，也想亲眼得见他们的日常生活。

四位画家中，李咏森先生年龄最长，当时六十六岁，已经从同济大学建筑系和上海美专退休；林先生其次，也六十四岁了；丁浩四十七岁，最年轻，在上海人民美术出版社画漫画、宣传画。林先生当时是美协的无所属会员。所谓“无所属”，就是没有工作单位，无编制的意思。李咏森先生和周碧初先生一样，退休后离开原来单位，也属于无所属会员。

无所属会员最大生活难题是收入来源。各人有各人的活法儿，但无外乎两条渠道，一是美协发放补贴；还有就是卖画，拿稿酬。林先生比别人还多一条，上海中国画院也每月定时给他补贴。他拿两份补贴，比别人宽裕些，不显拮据。

此外，我还听说过一次有关他的卖画经历。据说是德国有个代表团来上海，点名要买林风眠先生的画。这不奇怪，林先生成名早，在海外有知名度。后来组织上同意，由美协找他购买了一幅画，再转售给德方。那时实行计划经济，不允许自由买卖书画。为这幅画，美协向林先生支付了三百五十元的酬劳。货真价实的一笔巨款，当时在锦江饭店吃一桌大餐也才十元钱。

六十年代初，美协的当家人是沈柔坚，我想，沈和林先生关系密切，尊敬林先生，这笔巨款既是林先生艺术价值名利相符的回报，也多少蕴含着些美协对他的爱护和体恤。

总是沉默地跟着

写生出发那天，我自己收拾了行李，东西不多，没啥带的，而且想到要做后勤，自己带太多东西不方便，也不像话。其他几个人的行李多少不一，最突出的是周碧初先生。周先生的行头实在多，我乍一看吓一跳。光是画布画笔颜料刮刀画框等工具，就七七八八整整装了一个担子，还有不少生活用品。

这个担子自然由我挑，我掂一掂，分量很重。幸好我年轻，而且干过铁匠，体力还不错，换成文弱书生，根本挑不动。那时不像现在，宾馆里生活设施俱全，不用自带很多用品，五六十年代出门，不说牙膏牙刷毛巾肥皂，就连暖瓶和脸盆都得自己带上。不过，说实话，周先生的东西也实在多了些，这么多年我仍有印象。

我转头看同样在等候的林风眠先生，身边却没有行李，心想，林先生也画油画，他和周先生俩人还号称同窗好友呢，他的行李和画具在哪里呢？便开口问道："林先生，您的东西呢？"

他指指身上的挎包，说："全在里面"。语言非常简洁，略带广东口音的普通话。

林先生少年离家，走遍多地，却一直乡音未改。当天，他穿一件中山装。解放初，林先生常穿这类衣服，几乎不再穿西装。他带的东西如此轻简，就一个背包，装些必需品。我后来知道他也带了画具，一个手掌大小的本子，一支笔，就放在衣服口袋里。金华写生时，他掏出来，我才看见。林先生与周先生，两人带的画具天壤之别。这个问题困扰了我一路。几天后，在他们动笔的现场，我才恍然大悟：周先生喜欢写实，林先生重在写意。

这是我第一次和林风眠先生相处。这位开创中国现代美术教育的画坛巨匠，是那样平和、淡然、清癯，从不喧宾夺主，不哗众取宠，不特立独行。我们一路前行，不论是走路，还是乘车，他总是沉默地跟着，既不超前，也不落伍，不给别人添任何麻烦。

到金华后，林先生发现金华的花生好吃，就买了一袋，放在口袋里，边走边吃。我负责后勤，挑着周先生的担子走在队伍最后，感觉自己有点像西天取经的沙和尚。我看林先生从口袋里拿出花生来，一颗一颗连续地吃，心想，中山装的口袋真大，什么都能装，装花生，装画本，不吃花生时，他的手也揣在里面。

在金华，宣传部长朱力光客气地招待我们。我和朱部长早前就认识。他喜欢画国画，曾跟随知名画家张书旂学过一阵子，也能画上几笔。这次来了上海的大画家，他非常激动。毕竟，画画的人都知道林风眠，能接待林先生一行，他分外热情，也很用心。

第二天，朱部长首先安排我们去北山看风景。我想，这样最好，先登高，居高临下看个全貌。登上山顶，大家都感觉不错，秋风送爽，秋高气朗，天高云淡，正适宜登山。我们在山上呆了一整天。中饭也是朱部长请人烧好，送上山来吃的。傍晚，暮色渐合，大家徒步下山。朱部长安排车，载我们回金华，顺便浏览市容。我记得经过金华婺桥，画家们纷纷议论，说桥很大很宽。的确，解放初，这座桥算比较壮观的建筑。下面是波光粼粼的婺江，秋水东流，浮光跃金，静影沉璧。这时，林先生的花生吃完了。他又买了一包，继续吃。他大概特别爱吃花生，一个人安静地吃，并不评论，也不声张。他一路上看起来很轻松，蛮开心。

大家都很轻松、开心。唯独我给周先生挑担子，体力上不太轻松，但我年纪轻，精力充沛，也喜欢在那些德高望重的画家身旁学习，精神上还是很愉快，轻松的，挑着这副担子，没有任何怨言。加上我参加工作不久，蔡振华是我直接领导，看在眼里，见我不计劳苦，对我印象更佳，鼓励我，表扬我。领导在身边，工作劲头儿就是不一样！

在金华，主要是采风，大家情绪好，游览了几个地方，都没着手创作。我也没机会得见大画家们动笔。

林先生动笔就两次

离开金华，我们前往新安江。新安江水电站1960年刚建成，是个功勋项目，当时宣传声势正盛，说是“社会主义制度集中力量办大事的范例，中国水利电力事业上的一座丰碑”。周总理、朱老总都去视察过。我们也想去看看。

到了水电站，看完外观，大家希望进里面看，一是好奇，二是机会难得。但水电站拒绝参观，说是有规定，怕特务破坏。六十年代初，台海对岸的蒋介石还在叫嚣反攻大陆，国内也常报道又抓住了暗藏的特务和坏分子等等，阶级斗争神经始终绷得很紧。即便这样，最终我们通过关系，也让画家们简单参观了一下，大家感觉很幸运，喜悦之情溢于言表。水电站下面就有招待所，我安排每人一间，住了两晚。

在这儿，我们开始动手写生创作。白天写生，大家零落地坐在石头上，远山含翠，江面烟波浩渺，天上云影变幻。这样瞬息万变的景致，每一个瞬间都在诱惑人拿出画笔。周先生不辜负那一担子画具，老早支好画架。其他人也陆陆续续开始动手。林先生始终不动。艳阳高照，他不动；浮云蔽日，他也不动。但从神情上看得出，他精神愉快，也很喜欢眼前的自然图卷，用心欣赏，真情享受，甚至有些陶醉。

我一边自己速写，也要照顾别人，不时抬头张望一下，周先生、李先生、丁浩都在埋头作画，专注又投入，蔡振华的笔也在动，只有林先生迟迟不见动静。我心里一直盼着，想看他现场作画。天近傍晚，眼看昼暮交替，光线暗下来，我们准备收摊离开。此时，林先生手伸进口袋，拿出自来水钢笔和小本子。我看到林先生有动笔的意思，连忙凑过去，去看大师如何落笔。我刚过去，林先生寥寥几笔，就有完成的意思。我吃惊，也有些失落，这么快就画完了？其实他的本子上只有几根线条，勾画出三五块石头、树和远山，旁边配简单标记，指示所画内容。

我那时阅历浅，见识少，虽然感觉惊诧，心里却想，大师就是大师，一定有他的玄妙，想问又不敢问，犹豫了片刻，还是张口了。我问："林先生，这几根线画好，您就晓得了？"

他听到我的提问，并不急于回答，一边将笔和本子收进中山装口袋，一边转头看着我，说："我不是画，是作个标记，帮助脑子记一下，需要时起提示作用。"边说，边用手点了一下额头。

话不多是我对林先生个性最直观而始终的印象。他不多说话，自见到我后，始终对我很好，后来接触多了，也都是如此。但他有种天生的和善和恬淡。可能是觉得我这个人比较直爽，年纪又轻，在各方面，与他都不在一个层面上，视我为晚辈，因而比较相信我，也多了一份宽和。

金华地区生长一种树，叫乌桕木，具医药作用，又有经济价值，因而种植广泛，漫山遍野。每年秋来十月，丹枫尽染，色彩浓烈。“山明水净夜来霜，数树深红出浅黄”，描写的就是这个时节的乌桕。此时正是入画的好时机。

路上，我们恰好经过一片乌桕木，林子很大，天地之间，绵延成片，漫卷如红云，视觉冲击力极强，很对画家胃口。丁浩和李先生要求下车观赏。林先生不说话，他从不主动提要求。后来，大家漫步其间，又忍不住纷纷动起笔来。这次我又见到林先生掏出小本子，勾画几笔，又是极简的几根线条。这次下生活，我见林先生动笔就两次。动笔少、画得也简洁，和他给我的印象很相称：不啰嗦。

写生活动意外结束

新安江之行结束，画家们都很满意，饱览浙西秋色，创作上又有收获。之后我们乘火车回到金华，朱力光来迎接大家。

此时，全国都在学习贯彻《在延安文艺座谈会上的讲话》，落实到行动上，就是下基层，与工农兵结合，为社会主义建设服务，文艺界是这样，书画界也如此。蔡振华有政治意识，当然，也是因为金华风光好，吸引人，可画的题材多。他还想再待几天，“到火热的生活中去”。他对朱力光说：“不要太远，我们希望到乡下去看看。”朱力光考虑了一下，推荐我们前往汤溪。

汤溪有水稻专家陈双田。1962年我毕业创作《迎英雄》，他是画中原型，我们见过，认识。我感觉这次金华写生，真是来对了，这里是我的主场啊！此时，陈双田已经当上了干部。不过，他不改本色，为了研究水稻，还常年往田里跑，晒得黑黝黝的。他接待我们，热情地将大家安顿到农民家里住下，没有太多寒暄，又下田去了。

我自忖，别人倒还好些，林先生在法国多年，归国后也都生活在北京、杭州、上海这样的大城市，以前做校长位高权重，又是声名卓著的大画家，生活条件肯定优越，而且西化，他能适应吗？实际情况很让我意外，也使我敬佩。这次下乡，住农民家，吃农家饭，条件艰苦，卫生环境不好，但他安之若素，并无半句怨言。当然周先生、李先生、丁浩三位也都安然处之，欣然接受。

每天，并不要求集体行动，大家按自己的兴趣和需求，在村里逛逛，悠然闲适，陶渊明似的乐趣和情趣。房前屋后，田间地头，看见村民出工干活，晨昏间炊烟袅袅，乡亲聚众闲话，柴门犬吠……便对着画。我找了几位有特色的老农速写。林先生却再没动过笔。李先生有相机，拍了些照片。这次出行，仅他一人带了相机。拍素材之余，也给大家拍过几张照片。我很遗憾没有和林风眠先生合影。

这次写生很轻松，没有创作任务；季节好，气温宜人；景色好，心情愉快。大家根本不想着回家。不光我，其他人也没有急于回去的意思。看画家们的劲头，可能还要持续一阵子。没想到，愿望被变化打乱，出行很快就仓促结束了，因为发生了意外。

一天下午，自由活动，很多人去了田间。正是收获的时节，田野里热闹，有人有景，像组合图卷。我没跟大伙儿出去，独自留在住宿地画画。突然传来消息，说出事了，蔡振华在田埂间不慎滑倒，他用手掌一撑，不幸发生了骨折。当时，几位画家都在附近，纷纷表达关切，都很关心。

我当即陪蔡振华去金华医院看急诊，先紧急处理，接着立即安排回上海就医。他是领队，我是工作人员，我们要回去，写生小组只得全部返程。

我们在徐家汇的老火车站下车，彼此分手，几位画家各自回家。我送别他们，看林先生等人离开，心里多少有些不舍，虽然这次相处时间不算短，仍觉意犹未尽。之后，我雇一辆三轮车，护送蔡振华回到新闸路家里。

等我回到自己家，已是深夜，皓月当空。

这次写生活动，前后共三周多时间，走了金华附近很多地方。除上述提到的，还去过富春江、桐庐，进过瑶琳仙洞，看过桐庐最大的白沙大桥。我参加工作时间不长，原本与这些画家们并不熟悉。金华之行，朝夕相处，彼此很快成为熟人，回来后相互之间的感情完全不一样了。他们都更信任我，也很关照我。此后美协开会或有活动，我再看到林先生他们，便少了之前的拘谨和生疏。

1964年，写生回来的次年，林风眠先生在北京举办画展。这次展览与以往风格迥然不同。以前林先生画猫头鹰、鹭鸶，清寂孤冷，所画仕女也多显萧瑟。1964年的展览，是他罕见的一次风景作品展。展品画面明媚，大地散发着阳光，空气洁透，很多作品都流露着这次写生有关的印迹，是那一时期林先生明朗心境的真实外显。其中一幅《秋》格外醒目，吸引很多人驻足赞叹。画中喷薄欲出的火红树木，正是金华的乌桕树。

金华回来后，朱力光努力联系上我，说他喜欢林风眠先生的画，恳请我帮忙，向林先生求取一幅。我记在心上，找了一个合适机会，向林先生表达了他的请求。后来，林先生果然就送了一幅画给朱力光。“文革”期间，朱家这幅画被造反派抄走。所幸，动乱结束，画作失而复得，物归原主。从此，朱力光更加珍惜，视作传家宝。

话说回来，谁不喜欢林风眠的画呢？我也非常喜欢，虽然与林先生空间上更近，我却从不好意思开口，心里当然羡慕朱力光。“文革”开始后，运动日益极端化，林先生自己烧掉了上千幅画，实在令人惋惜。不过，我终是有幸，手头留存有一幅他的作品，偶然翻看，总要赞叹大师的妙笔生花，也总能忆起流年岁月里陪他写生的有限日子。

这幅画是林先生的临别赠与。1977年，“文革”结束不久，林先生取道广东去往香港。离开大陆前夕，他画了一幅册页给我留念，同时还写有一纸便笺留言。

也许他当时就存着不再回来的念头。临行之际，有感激和感念，也有割离和决绝，林先生以画表意，寓情于画，为很多朋友作画留念，一切尽付画中。九十年代，林先生终老香港，再没踏上内地的土地，我也再没见过他。他送的画，成了诀别纪念。遗憾的是，他的留言便笺，因我几番搬迁至今没有找到。

1963年，我二十五岁，刚参加工作，有机会陪同林风眠先生去我家乡写生，一起相处，近距离看到大师的生活和创作，完全是一种仰望的姿态。我为他服务，照顾他写生期间的生活。十年之后，“文革”期间，我与林先生又有过一次特殊接触，其时，林先生蒙冤入狱，正处于人生低谷，情绪的低潮。我受沈柔坚先生委托，去看守所探望他，安慰他，使我们的关系更进了一层。此是后话。

三、在“文革”动乱中

作品入选全国美展

1966年“文革”爆发，中国美协很快受到冲击，陷入瘫痪，各地的美协当然也一样，无法再正常开展工作。上海美协名存实亡，很多人已经不去美协上班，改去南京西路的美术展览馆，当年那里是美协的下属机构，“文革”后机构重建，才划给了文化局。

6月下旬，上海戏剧学院造反派组织了一批人攻击美协。之后，我们就全部移去了美术展览馆，延安西路238号人去楼空。

之前，我们已经像蒲公英的花絮，随风飘散各处。

1965年12月，我记得是个寒冬，当时“四清”运动已经开始，美协组织美术小分队去川沙，开展轰轰烈烈的社会主义教育。张云聘带队，我、李石泉、杨德炜、王朝帧、陆全根是队员。队员之间有分工，陆全根、李石泉和我编写并绘制幻灯片图稿。王朝帧是摄影家，他拍照，然后印出来，也制成幻灯片。

当时条件有限，幻灯机用汽油灯做光源，光线晦暗不清，朦朦胧胧地把教育图片投射到凸凹不平的白墙上，让村民们学习。时值寒冬，天气很冷，晚上尤甚。放映人员和观看的农民，尽管都穿棉大衣，仍然抖抖索索，盼望早点结束，好回屋取暖。其实屋里也好不了多少，住宿就在农民房里，条件很差，搞“四清”，自己也要“清”，不能奢侈。

我正式学会抽烟，就是在“四清”期间。说正式，是因为以前也抽，零星一两支，“伸手牌”，不上瘾。

在美协，搞创作的人几乎都抽烟。沈柔坚抽金鼠牌、美丽牌，比较高级，经常分一支给我。蔡振华抽板斗烟，陈秋草抽白烟，烟斗漂亮，烟味很香，我没抽过他们的烟。张云聘是老烟枪，抽黄金龙香烟，这次朝夕相处，他总是随手递一支给我，有时就在田间地头结伴抽起来。总是抽他的“伸手牌”，不好意思，我也开始买烟，分给他抽。一来二去，烟抽多了，我学会了，等到“四清”结束，发现自己已经戒不掉。

“四清”回来，开始筹备上海美协的重头戏，参加第四届全国美展。全国美展五年一次，规格高，涉及面广，各个画种都有，因为是官方性质，大家都很当回事。华东地区六省一市的作品选送，也由上海美协负责，流程复杂，初选、评审、报送，还要评奖、宣传，具体工作由我总负责，忙得不亦乐乎。一些外地作者，还专门请他们来上海集中创作，便于管理和沟通，更希望从中发现人才、挑选精品。

市里对意识形态工作非常重视，美术作品当然在列，夏征农、张春桥、石西民等领导，都来美术展览馆看望画家，视察创作成果。此时已是“文革”前夜，由于特殊原因，上海的文艺界比全国其他地方更早笼罩上“文革”气氛。市委副书记张春桥来的时候，安排我作讲解员，陪同他观看。他很严肃，一幅一幅提意见，好像也蛮专业的，当然讲的都是政治因素。

这些作品中，“左”的意味已经比较严重。因画《毛主席万岁》而成名的哈琼文也有一幅画，揭露万恶的剥削阶级本性。印象不太清楚了，似乎画了个戴眼镜的资本家，阳台外，站一个穿旗袍的女子，手托鸟笼，大概是反映剥削阶级的腐朽生活吧。

张春桥在这幅画前，站了一下，说，画得不够深刻，希望作者再从立意上挖掘一下。其实哈琼文已经挖空心思，命题作文一般，自然只是图解罢了。我站在旁边，看一眼画，看一眼张春桥，心想:“公私合营已经完成，为什么还要反资?”自己左思右想，大概怕资本主义复辟吧。

所有作品汇总后，由我护送到北京中国美术馆。其中就有我的三幅入选作品，反映公社生活的《兽医姑娘》、反映技术革新的《学愚公创奇迹》、反映新老“传帮带”的《不断前进》。

这是我第一次进京，住在人民日报招待所，展览期间，我在北京呆着，因为工作关系，结识了王朝闻、华君武、蔡若虹等人。具体的工作，无非是宣传、报道、收集展览讯息，呆了一个月。

在京期间，上面让我写一篇文章报道宣传，要发在人民日报上。我不愿意写，因为定的调子有些偏激。但还是写了，我最早写的稿件交上去，一直让我改，一稿二稿三稿，改到我自己实在不能容忍，太“左”了。

与北京的政治氛围一样，自然气候也让我难受。我自幼生长在江南，北京风沙大，太干燥，我感冒了。我说，我先回上海去，文章也可以再改改，这么重要的文章，我要向党组汇报，这不是我一个人的事情。之后，我带着《人民日报》已经发排的清样，赶紧回到上海，这篇文章就此束之高阁。很多年后，临近“文革”结束的一天，我整理文档，碰巧翻看到这篇旧稿，里面都是极“左”的观点。我心想，幸好没有发表。

回到上海，再不敏锐的人都能感觉到氛围不对。我奇怪，怎么我离开才一个多月，有些东西好像发生了变化。我想，不管它，到什么时候都要看工作成绩。我一如既往努力工作，没想到，风浪很快涌来，影响到每一个人。

美协被人封了

1965年下半年，姚文元在《文汇报》上发表《评新编历史剧〈海瑞罢官〉》，成为“文革”的导火索。各单位组织学习，我认真阅读了全文，感觉内容牵强、断章取义，但谁敢反对？同时，徐景贤成立市委写作班，为舆论宣传作准备，政治氛围越来越“左”，做法越来越偏激，动不动就诬称某某为“裴多菲俱乐部”成员。全国各地，不计其数的文艺团体被蔑称为裴多菲反动俱乐部，到处是砸乱裴多菲俱乐部的口号和呼声。

1966年“五一六通知”之后，大家虽然不说什么，但心照不宣，都警觉要谨言慎行，少惹麻烦。此时很多人已经不去美协上班，改去美术展览馆。

6月下旬，戏剧学院“革命楼”组织了一批人攻击美协，我们就全部移去美术展览馆了。延安西路238号人去楼空。

突然有一天，传来消息，说美协被人封掉了。大家都很惊诧，虽然此时听说的出格事情已经很多，但临到自己头上，还是难以置信。我们知道是上海戏剧学院“革命楼”干的，他们是上海文艺界最早的造反组织，一直叫嚣打倒裴多菲俱乐部。美协封了，家没了。很多人都想回去看看，但不敢。我去了。

到延安西路238号一看，美协的确封了，但里面却并非空无一人，一名我很熟悉的美协会员，已经堂而皇之地入驻沈柔坚的办公室。此人也毕业于浙江美院，回到上海后，没找到工作，就申请成为美协的无所属会员，每月发给他一份生活补贴。也许这样的人有怀才不遇的失落，久而久之转化为愤世嫉俗的愤懑。

他见到我，语调高亢，问道："胡振郎，你是革命派，还是保皇派？"

对付这种人，我可说游刃有余，反问道："什么是革命派？什么是保皇派？是不是有假革命派？现在还没搞清楚。"

他看没把我吓住，一愣，继续高声说："我告诉你，保皇派没有出路，毛主席号令我们，推翻保皇派和反动学术权威，你赶快加入我们。"

他抬出毛主席，我不能再和他硬碰硬，但心里清楚，他是想拉拢我。我立即回答说："我不参加。"态度坚决，立即走人。美协的情况，我大致已经了解，此行任务完成，我感觉没有多逗留的必要。

我回去后，向沈柔坚、蔡振华汇报情况。在他们眼中，我有点像虎穴归来的孤胆英雄。但此时面临的情况，令他们始料不及，有点懵，大家感觉，这名美协会员不可能一个人，后面肯定还有人。

局面很快失控。美协副秘书长蔡振华的家首先被抄，后来他对我说起过这段经历，说被红卫兵涂满墨汁，斯文扫地、尊严无存，造反派的行为令人极端憎恨。

众所周知，美协领导往往不仅自己是书画家，而且也是收藏家，一些收藏甚至都得自于几代人的积累，价值连城的作品也不在少数。抄家时，好东西一车一车地拉走，都是收藏者的心头宝，舍不得，如吴湖帆的家藏，哪件不是国宝，据说“文革”开始后被拉走了十来车。这些东西，当年一拉走，很多就成了永别。大部分“文革”后也没有归还，有的损毁，有的中饱了私囊，有的在博物馆还能看到，绝大多数下落不明。

美协大楼不能进了，楼下原有个车棚子，平时大家上班停自行车的地方。“文革”开始后，把它盖成“牛棚”，关牛鬼蛇神。沈柔坚、吕蒙、陈秋草、蔡振华、张云聘都给关进去了。一同失去自由的，还有音乐家协会、戏剧家协会的所谓走资派。造反派逼他们写检查，交代问题，大家天天在恐惧和混乱中过日子。

“文革”批斗见闻

蔡振华是我的直接领导，大家一起共事了几年。一天，他悄悄对我说，他有笔存款，存折夹在《红旗》杂志中，红卫兵抄家的时候，因为披了这层红色保护，得以幸存。家里还有一枚钻戒，也属于漏网之鱼。

他又惊又怕，一直犹豫要不要坦白上交。他在牛棚里，对沈柔坚和张云聘也说了，他们两位劝他说，现在家抄了，什么都没有留下，将来日子也难以预测，留下以后好应急，有备无患嘛！这真是患难挚友的贴心话。蔡振华虽然觉得有理，但也明白放在身边，犹如定时炸弹，哪天被暴露出来，隐患无穷。张云聘看他踌躇不定，给他出主意说：“你交给胡振郎保管吧，他那里保险！”

蔡振华说：“好！”

蔡托付我后，我没有犹豫，一口答应下来，他很高兴，也很感动。等到他从牛棚解放出来，那时“文革”还没结束，我就原物奉还。

“文革”初期，疾风暴雨式的阶级斗争极其残酷，而且动辄得咎，上纲上线，人人自危。大家都如泥菩萨过河，谁还敢帮助人家隐瞒财物，一旦被造反派或红卫兵查获，实在非同小可。在那种情况下，蔡振华愿意把心思说与沈、张，而他们不但保守秘密，还出谋划策，可见他们关系之深；转而托付于我，也算看得起我这位后辈，我的江湖义气，使我愿意冒着风险接受重托，甘冒风险。这说明，任何世道，总有人迷乱本性，丧失起码的良知和公义，却也总有真情和信任存在。

在“文革”大背景下，美协造反派的声势一天天扩大。楼下的大花园也成了批斗“牛鬼蛇神”的地方。不仅有美协的人，还有音乐家协会、戏剧家协会的人，造反派经常让他们排排站。一天我感觉再斗下去要出事，于是找到一位造反派头目，说：“他们是什么人，你都认识。你这是要干啥？”

他像换了一副面孔，回答道：“你别管。”

“我告诉你，张云聘出身工人阶级，不是坏人。陈秋草高血压很严重，再斗下去要出人命的。”说完，我又悄悄补充一句：“你小心点。”

可他根本不听我的，在狂热的口号声中，批斗会越开越激烈。戏剧家协会、音乐家协会都有人被皮带抽得头破血流。美协的走资派倒是没人受伤，看样子我说的话还是起了作用。后来，有人看我和造反派能说上话，便说我与造反派是一伙的，我一笑置之。吕蒙、蔡振华和张云聘都了解我，他们知道这是我的行为方法，目的是尽可能保护美协的其他同志。

再举一个例子。此时，上海美协机关也成立了造反队。口号是“造反光荣、革命有理。”机关造反队一宣布成立，最害怕的是张云聘。倒不是他个人有把柄，是因为他兼人事科长，担心人事档案和资料的安全。当时全国好多地方，甚至一些保密单位，由于受到造反派的冲击，档案资料散失，被造反派利用或篡改，给好多人带来灭顶之灾。

美协的人事档案室锁了两道门，上了两把锁，但在汹涌的政治浪潮下，很难防得住造反派的冲击。张云聘已经靠边站了，他觉得把钥匙给我，还比较放心，认为我能应付造反派的威逼。

接过档案室钥匙，我知道这是责任，也是麻烦。果然，造反队知道钥匙在我手里，担心我看他们档案，揭他们的丑，于是先拉拢我，没成功，继而恼羞成怒，批我，攻击我。跟他们斗，我并不怕，但我主要想着张云聘的托付，要保护档案。造反派一次次找我，逼我交出档案室的钥匙，我总是搪塞推托，最终通过各种形式的周旋，没有让他们得逞。最后我和造反派达成协议，用封条把人事档案库房封起来，谁都不许进，这件事情才告一段落。

同样，后来又有人说我是两面派，与造反派同流合污。其实，我的目的很简单，我要利用自己的身份和职位，尽可能保护同事和档案。斗争要讲方法，存活下来，才能发挥更大作用。

何况我与人事科的同志关系不错，张云聘是支部书记，我是组织委员，一起工作，历来融洽，"四清"时在一起，就是他教会我抽烟的，我们一直很要好。人事干部胡秋禾，也是金华人，参加过抗美援朝，当初就是他按照美协意见，去市政府把我要过来的。所以，我愿意冒风险，替人事科的同志挡一挡。当然，我是学生时期就入党的老党员，知道档案的重要性，是国家的财产，要保护好。

名目繁多的批斗会应接不暇。无数受人尊敬的大画家被打翻在地，再踩上一脚，尊严无存。一次，在静安寺的一个电影院，大概是现在的百乐门吧，召开了一次规模很大的批斗会。批斗对象都是美术界的翘楚，顶尖人物，程十发、刘海粟、张充仁、张乐平、沈柔坚……因为沈柔坚被叫去，所以我也跟去了。

那次，看到了不同画家挨斗时的反应，和人物的性格有一定的相关。被斗者站成一排，胸前挂着牌子。造反派一个一个斗过去。由于批斗频繁，很多画家已经成为"老运动员"。斗到程十发，他什么都不辩解，只反复念叨一句："罪该万死、罪该万死……"，身体上，倒也没受什么大伤害。岭南画派的代表人物黄幻吾先生，真是硬骨头，怎么挨打都不承认有罪。老先生觉得非常冤枉，一直说："我没罪，我没做坏事。"

我站在台下，知道他说的是真话，是实话。但真话和实话换来的，是更严重的侮辱和伤害。刘海粟挨斗最戏剧化，快斗到他时，他已经倒地不起，任凭造反派怎么呵斥、拖拉，就是不动，就是不起来。造反派很烦恼，针对他的批斗，往往没办法继续，又担心他影响别人，就把他拖下台。他用这种办法保全自己，少受很多苦。

台下聚集着不少人，是观众的心态，觉得有趣，看热闹。我不觉得。一般看到自己关心的人没事，我就离开。要么回单位办公，有时就直接回家，回去画画。

还有一次，我们接到上海油画雕塑创作室通知，要开批斗会，让沈柔坚去陪斗。沈柔坚只是陪斗之一，一起陪斗的很多，如著名雕塑家张充仁先生。沈柔坚的罪名是走资派和历史问题不清。

我听说消息，很为沈柔坚担心，怕造反派打他。当时批斗会上打伤人的事情，不说层出不穷，也已经不是新闻。

沈柔坚去陪斗别人，我要求去陪沈柔坚。到了批斗会场，果然气氛很紧张。我立即申明："要文斗，不要武斗。""文革"开始之后，我自己没有遭受过批判，既不是走资派，也不是反动权威，所以还能说上话。

所幸沈柔坚没事。张充仁先生被打了，我看着无比同情，又无可奈何。批斗会结束，我送沈柔坚回牛棚。他想到张先生受到的伤害，愤愤不平，批评他们太过分。

临分手的时候，沈柔坚说："小胡，我知道你今天为什么来。否则，我就受苦了。"他想表示感谢，好像不知说什么好。在这个人际关系渐趋冰冷的时代，他一时找不到合适的言辞，就向我重重地点了两下头。

"文革"中，相比其他文化机构，美协的档案和资料没凌乱、没散失；人员有被批斗，但都没被武斗，没挨打、没流血，也属不易。

四、为沈柔坚“摘帽”

坐运猪车中暑

“文革”中，初听到某某“畏罪自杀”的消息，我们还会震惊甚至无法相信，待接二连三发生后，大家既感到深深的恐惧，又有些习以为常，人性已经极度扭曲。所幸，十年动乱期间，美协没了，美协的沈柔坚、吕蒙、陈秋草、蔡振华，包括林风眠等名家，在经历过无法言状的打击和屈辱之后，却安然幸存下来，最终平安无事。犹如明珠蒙尘，在经历了十年风雨洗涮后，仍旧熠熠生辉。

“文革”早期，上海美术界各种名目的造反组织层出不穷，从“革命楼”到机关造反队，你方唱罢我登场，直到工宣队接管。美协的工宣队见我根正苗红，又是党员，他们让我参与沈柔坚和吕蒙的专案。

沈柔坚和吕蒙一直是我的领导，吕蒙还是老乡。他们的为人以及蒙冤经过，我岂能不知，心里很同情他们，也为他们打抱不平。我早就存着念头，想帮他们把事情弄清楚，但我知道，乱世里，要等机会。我小时候，听阿根叔讲中国历史故事，知道凡事不能强求，顺势而为，结果才能如愿。

1971年夏秋之际，机会来了，要为沈柔坚“摘帽”。我去了两个地方，一个是福建诏安，他的家乡；一个是北京，找华君武，把他们两人的关系弄清楚。

这种外调，因为要彼此牵制，相互证明，按照组织原则，至少要两个人一起去，不会让我独个前往。

去诏安是我和沈纪良。我们从上海搭火车，先去漳州。火车开出几个小时后，开始钻山洞，整个路途基本都在山区穿行。道路非常曲折，绿皮火车，喘着气，爬山下坡，比平原上开得慢。能坐火车，虽然拥挤，还算比较文明的交通方式。闽赣山区，很多地方，我们要转汽车，甚至步行，才能继续行程。出发一天后，我们路过鹰潭赤石，这里是当年新四军、地下党活动的地方。我想到了沈柔坚的经历，他曾在新四军当兵，艰苦的年代中尚且信仰坚定，意志坚强，和平年代怎么会这么快经受不住考验？再联想他的日常行为，我更加觉得他被冤枉，下决心一定要为他洗刷污尘。

在鹰潭华大，我们从上饶搭乘大货车转道武夷山。这辆车送猪回来，没窗户，满车厢都是腥臊味道。搭车的人多，人挨人，摩肩擦臂，我个子小，夹在中间，闷热拥挤，氧气不够，等到武夷山，我心慌气短，差点送命，是中暑了。

下车后，遇到卖茶叶的人，老板见我脸色有异，给我泡一杯茶，琥珀汤色，口味微焦，说品种叫“水仙”。老板说，你喝我这个茶，马上就会好了。我喝一口，感觉不错，一杯喝完，再喝一杯，出了点儿汗，果然就好了，不再胸闷头痛。我就买了两斤，准备带回上海。他很高兴，滔滔不绝地说当地采茶趣闻，告诉我真正的“大红袍”多么珍贵稀少，讲他每年有幸参与采摘，以及采摘的注意事项，等等。

虽然路途艰难，但一路风景很美，是与我出生、读书和工作的江南完全不同的景致。

我一路看山，郁郁苍苍；看水，涓涓潺潺；看雨后山涧飞泻的瀑布；看山峦起伏间种植的甘蔗、枇杷、香蕉和茉莉花。大学分科以来，虽然专业人物画，但山水画仍然是心头爱好，始终没有放弃，这一趟出差，不亚于一次专业的采风，又激起我将理想付诸实施。回来后，我画了多幅闽赣山水，创作收获很大。

路上虽然费时、周折，办事倒很高效，非常顺利。我们去沈柔坚的家乡，青山丽水，感受到淳朴民风。去他读书的福建省立师范学校，那是他参加革命的地方，拿出介绍信，很快就开好了相关证明，证明他历史清白。我们俩不是第一批来查证沈柔坚的人，以前美协及相关部门也派人来过，只是一直没办顺利，不知什么原因。

开好证明，办完正事，而且办得合乎我的预期，我的一颗心放下了，才觉得一路紧张辛苦，也才有心情留意这个没来过的地方。沈柔坚家乡属于亚热带，完全不同于其他地方的闽南风光，榕树蔽日，蔬果遍地。荔枝、芒果、龙眼、枇杷、杨梅、香蕉都是原产，新鲜、丰足。我和沈纪良吃了不少，走的时候，尽量多带上，回去给同事和家人吃，这些水果在上海比较稀罕。

华君武开证明

回到上海，换一下行李，我接着去北京。诏安在南方，北京在北方，气候差异大，随身所需完全不同，天气已经渐凉，我带上厚实些的衣服。这次我们是三个人，我、沈纪良、张林宝。我之前因参加美展等公务去过北京，很多地方已经游览过。他们两位是第一次到北京，想着北京是千年古都，名胜众多，非常神往，路上就流露出想去游览的意思。到北京那天，我对他们说，你们两个出去逛逛吧，我去找华君武就行了。他们俩马上乐呵呵地出门去了。我收拾收拾，去中国美协。

华君武1953年开始兼管全国美协工作。1961年，他在《光明日报》的《东风》副刊上发表“人民内部讽刺漫画”，画得很好。“文革”开始后这组画被歪曲，因此受到批斗。

此时，中国美协和上海美协的命运一样，机关已经乱了，搬到美术馆办公。华君武也靠边站很久，处于人生的低谷。据说他已经不见人，也不愿多说话了。我认识他，以前他来上海美协出差，有过几面之缘。我来找他，在门外等候。看管他的人对他说，上海美协的小胡来调查情况，请你到外面见面。一会儿，华君武出来了。他看我就一个人，说话语气诚恳，叫他华老师，于是叫我坐下谈，并无戒备之色。院子里有供休息的石头长椅，我们俩坐在上面。

我说组织这次派我来，是想拯救沈柔坚，帮他“解放”，请华老师一起想想办法。

听了我的话，华君武沉默一会儿，流下了眼泪。他说：“小胡，你不错。我已经很久都不讲话了，一句话都不讲了。我真是失望透顶。我现在接触很多人，有些也是和你一样来调查的，却是存心害人。”

我说：“华老师，我就问两个问题。一个是沈柔坚是个什么样的人？您评价一下他。第二个问题是，有个叫汪志杰的右派教授，通过您和沈柔坚的关系，从北京调来上海。为什么要调他来？”

华君武几乎不加思索，回答得非常简练。他说：“沈柔坚没有问题。汪志杰是正常调动，工作需要，和潘天寿调陆俨少是一样的。”

汪志杰是个右派教授，当年很著名，1956年他本人被文化部、全国美协、中央美术学院三方推荐为专业的“职业画家”，作为全国画家职业化的试点。没想到，转年1957年，汪志杰被贬去北大荒劳动。沈柔坚曾经经手他的调动，把他从北京调到上海，因而被怀疑动机不良。

我紧接着说：“能不能麻烦华老师帮沈柔坚写张证明。”

华君武回答：“可以，别人我不写。沈柔坚的证明，我写。”

临分手时，他看着我，说：“小胡，你很好！”而我也暗暗庆幸，华君武如此仗义。大概是我一个人来，赢得华君武信任，才会如此顺利。

回到住地，我把情况简单记录了一下，准备回上海后写报告。出去游览的人也回来了，我把情况一说，他们也很高兴。大家各得其所，皆大欢喜。

我们回到上海的时候，美协的人都在松江佘山劳动，住在山下的村庄里，我也不能例外，放下行李就去了佘山。

我在佘山劳动，但并不安稳。一方面手上沈柔坚的事情未了，又开始接触吕蒙、孟波的案子，需要经常往市区跑；另一方面工宣队的人员发生了变化，对沈柔坚的情况重视起来，也支持我积极跑动。此时，工宣队换了一位姓王的领导，南京人，为人比较通达。“文革”中，工宣队的存在时间很长，后期人员比前期好，前期太激进，有点专横跋扈。王队长说：“你集中精力，把沈柔坚的问题快点解决完，不要再去佘山了。”又补充道：“你写材料，明确结论，我去上报。”

有了他这句话，我很高兴。以前是苦于造反派、工宣队阻挠，现在有人支持，我争分夺秒，抓紧落实。不到一个月时间，报告写好了。把福建诏安、福建省立师范学校、北京三个地方收集回来的证明作为附件，交给工宣队。

1971年底，快过年的时候，沈柔坚的问题澄清了。

以前给他定的是“走资派”，是个很虚的罪名，一个既不确定又不科学的概念。上至国家主席，下至基层党支部书记，甚至连炊事班长、生产组长，都能扣上走资派的帽子。罪名说大也大，举证起来既容易又难以坐实。有了我的这些详实证明，推翻了对他的恶意指控，沈柔坚的罪名清除了。

所有人都没想到沈柔坚的问题这么快解决。上海文化系统局级干部中，沈柔坚最早解放。

沈柔坚倒在画桌旁

沈柔坚靠边站的时候，一度情绪低落。他同唐云关系要好。其时，唐云也靠边站了，时不时遭批斗，两人惺惺相惜，来往更加密切。

唐云有个妹妹叫唐瑛，和我爱人一个单位，都在美术展览馆工作。一天，唐瑛直接打电话给我，请我去沈家，说沈柔坚在学国画，让我去看看。我有些纳闷，沈柔坚认识的大画家很多，却让人给我打电话，多半是想见面谈事。

沈柔坚的家在华山路，上海戏剧学院附近，他级别高，七十年代已经是三房一厅，条件相当好。我刚从北京回来不久，知道他心里惦记什么，进门就告诉他："我去北京，见到华君武了。他给你出了证明。你的问题应该很快能清楚。"

沈柔坚点头，表示知道了，却并不多问。

然后说："振郎，我开始画国画了。"我刚到美协的时候，他叫我"小胡"，接触多了，开始称我"振郎"。

我曾经来过沈柔坚家，以前他家里挂满了书画，我见识过，都是名家之作。这次去，发现都没有了，墙壁上光秃秃的。直到"文革"结束，我才见到那些书画重新挂回来。

沈柔坚早年画彩色版画、水粉画、水彩画，后来画国画，花鸟为主。那天，他给我看他的练习稿。我说："你有功底，总比一般人学得快，画得好。"自此，他开始进入中国画领域。十年动乱结束后，沈柔坚到北京开过中国画展览，获得了广泛认可，我曾写过《壮志不已 才华横溢——谈画家沈柔坚的国画艺术》，谈了我对他的作品的看法。转型为国画家，算是沈柔坚的重要收获，没有虚度"文革"光阴。

我和沈柔坚的交往与情谊不止于此，他生命的最后时光，我碰巧是在场见证人之一。

1998年7月，盛夏，正是荔枝成熟的时节。当天《新民晚报》组织笔会，来了很多人，程十发、吴青霞、徐昌酩……连方增先，平时不爱参加活动的，都来了，可谓济济一堂。沈柔坚是福建人，爱吃荔枝，吃了几颗，又吃几颗，于是铺上宣纸，开始画荔枝，那幅荔枝画得好，从色彩到构图都让人赞叹。因为他情绪好，而且刚吃完荔枝，是乘兴而作。

最后，与会者合作一张，以示留念。一张八尺的大幅，大家一一动笔，因为时间已经过了正午，大家都饿了，已经画完的画家们就开始出门吃饭了。现场只剩下我、沈柔坚，还有刚刚画好的吴青霞。我是刻意留下来陪沈柔坚的。

沈柔坚最后一个，他再补上几笔，题好词，这幅画就完成了。我看着沈柔坚画完，准备起身，不料突然间，他似乎控制不住身体，不自主地向后退两步，倒坐在身后的一只藤椅上。藤椅后面是大理石窗台，上面摆放着鲜花。我担心他碰到头，眼疾手快，抱住了他，随即大叫，招呼人来帮忙。

沈柔坚在我怀里，手一直抖动，人已经不清醒，大约过了三四分钟，喉咙中发出一声气响，就在我耳畔，声音很大，身体随即瘫软下去。十几分钟后，110救护车赶到，已经回天乏术。

沈柔坚死于心肌梗塞。后来，一同参加笔会的乔木惋惜地说："我有药啊！"

沈柔坚这是老毛病，以前发作过两次，都因抢救及时，免于不幸。他过世的时候，我看过手表，刚好十二点半，与后来公布的时间有些出入。

五、我与吕蒙两三事

吕蒙当场哭了

“文革”中，我办理沈柔坚的事情尽心尽力，不仅沈柔坚感激，同事们乃至工宣队看在眼里，也认为我公正正派，办事能力强。总之，一来二去，我以前是画画名声响，现在办案能力也叫响了。

这样，沈柔坚的事情尚未有结果，工宣队已经开始让我介入吕蒙和孟波的案子。

介入吕蒙的事情，有我自己争取的因素。沈柔坚的事儿基本明朗，可以放心的时候，我见机不可失，工宣队王队长是个不错的人，应该抓住机会，在他手上把吕蒙的问题也解决掉。

一天，我瞅准时机，对王队长说：“沈柔坚的问题解决了。我认为吕蒙也没问题。你如果信任我，给我开张介绍信，我去查查吕蒙的老档案，把他的事情也结清掉，好吗？”王队长同意了，他身上有一股工人阶级的爽快劲儿。

我清楚，吕蒙问题的核心是他的脱队问题，这个过程搞清楚，他的问题就解决了。

拿到介绍信，我和项宪文一同去查。我信任小项，“文革”中的很多外调和重要工作我都拉上他。第一件事，查找档案，我们找到现在华东医院内的一座楼，上海市委宣传部的档案都存放在那里。在工作人员的帮助下，找了很久，最后看到一份薄薄的案卷，是吕蒙的。

我把它抽出来，仔细翻看，简直大喜过望，那些攻击吕蒙的人，怎么不来翻翻档案呢。案卷里，有张《抗敌报》题头的稿纸，《抗敌报》是新四军的报刊，很重要，上面记录了讨论此事的经过。这份档案，并没有吕蒙叛变的结论，只提及他离开过部队的事实。

事实就是，上世纪三十年代末，年轻的吕蒙的确短暂离开过队伍，但很快又自行归队。

离开原因符合一个理想主义者的作派——为了爱情。吕蒙的第一位爱人是作家罗函子，两人同在新四军，一个会画画，一个爱写作，都才华横溢，有共鸣，很快彼此吸引。一次，罗函子回家乡探亲，要带吕蒙去她家，她家在苏北，是个地主家庭。吕蒙也出身富贵人家，参加革命纯粹出于理想信念。

那时在解放区，对地主家庭虽然也介意，但排斥程度远没有建国后那段时间严厉，所以吕蒙也没多想。两人走的时候，也许匆忙，也许疏忽。总之，没和组织打招呼，没有报备，就自作主张了。不久，探亲结束，两人自动归队。

他们归队后，新四军开会，讨论吕蒙和罗函子的问题，过程就记录在这张“抗敌报”上。吕蒙和罗函子回来后，一直坚持革命，革命到现在，再没有其他事情。

我大海捞针，找到这张稿纸，如获至宝，马上复印。稿纸上“抗敌报”的题头太有说服力了，从时间上说明是当年的记录，从程序上说明当年组织已经定论。我后来问吕蒙，他自己都不知道有这份东西。

我把复印件交给王队长，王队长马上打报告到团部。一来问题说清楚了，有了铁证；二来吕蒙人缘好。批复很快下来，吕蒙解放了。

宣布吕蒙解放的时候，他在佘山。要到现场，当着他本人面宣读。我也去了佘山。现场会由王队长主持，他宣读组织决定。吕蒙当场就哭了，可能是委屈太久，可能是高兴，总之应该是五味杂陈。

吕蒙也发言，提到自己被冤枉这几年间，扣发的生活费、工资，算下来一大笔钱。他说：“不要了，捐给国家。”说完又哭了。我知道吕蒙需要这笔

钱，在旁边安慰他。我说："你是老革命，不要哭！但也不能不要这笔钱，这是你自己的！"

后来，吕蒙私下问起他解放的过程。我就把经过告诉了他。

我说："你的问题并不复杂。之前浪费国家那么多钱去调查，还让你受了很多苦，遭了不少罪，真是何必呢！"

吕蒙与罗函子后来还是离婚了，但仍然相处得融洽温暖。他后来的夫人黄准，也是一位杰出女性，毕业于鲁迅艺术学院戏剧系，曾为《青春万岁》《红色娘子军》等多部电影作曲。她是经由罗函子介绍，认识吕蒙的。

一同回家乡

那段时间，我很忙，连画画的时间都被挤占了。

忙吕蒙的事儿，同时在办的，还有孟波的案子。著名音乐家孟波地位高，成就多。他不光自己有作品，还直接促成了小提琴协奏曲《梁祝》的诞生。孟波担任过上海音乐学院党委书记，上海文化局、电影局局长，"文革"时做市委宣传部副部长。此时他被打成反动学术权威，成立了专案组。

我调去团部，进了孟波专案组，但孟波不是美协的人，所以主办者另有其人。看过卷宗后，发现孟波的反动帽子，是从他以往的文字上断章取义或者牵强附会而来。便决定对症下药。

有了沈柔坚和吕蒙两个成功的案例，我很有成就感，对自身能力也自信，决心在孟波事情上也要力争有所作为。那期间，我去过孟波家，和他接触过一次。然后就是往上海图书馆跑，上图的旧资料主要在徐家汇藏书楼，我去查了好多次，在有关三十年代上海文艺界的资料中，并没发现孟波有价值的材料。

不久我去了五七干校，孟波的事情就与我无关了。一番周折后，我又回到上海，修筑工事，建防空洞。中央成立了人民防空领导小组，各省、市、自治区也纷纷成立各级人防领导小组，全国范围内广泛开展起群众性的挖防空洞和防空壕活动。

上海美术展览馆内院有个花园，三十米宽，四十米长。此时，配合“深挖洞、广积粮、不称霸”的指示，全员大干起来，所有人都参与，将之改造成防空洞。挖洞产生很多土石，统一拉到南京路花鸟市场堆放，路上几十米距离。

两人一组，我和吕蒙分配在一起，一辆车子，我拉他推，配合得默契。

那天，拉了两趟车后，我说：“休息一下。”吕蒙年龄比我大，有高血压，我怕他出事。

吕蒙毕竟刚“摘帽”不久，比较谨慎，疑虑地说：“工宣队看到不好。”

我抬头看到吕蒙额角渗出的汗，给他壮胆，语气坚定地说：“不管他。”

我们便坐下说话，比较放松。没一会儿，一位工宣队队员过来了，他是四连派驻来的代表，专管挖防空洞。看到我和吕蒙休息，一皱眉，说：“你们怎么不干了？”

我回敬说：“我痔疮出血，干不了了。”

他大概觉得下不了台，反呛我说：“你小小年纪，怎么会有痔疮。我码头工人出身都没有。”他说这话，既是指责我，也有炫耀自己出身的意思。

我反应快，马上接口：“我第一次晓得你是码头工人出身。我是铁匠出身，人人都知道。”

“那你怎么不带头。”他说我，眼睛却瞟着吕蒙。

我说：“我怎么不带头，我是共产党员，一向冲在前面……”我知道他的矛头是指向吕蒙。我和吕蒙是同乡，他又是老革命，我很尊重他，不想让人欺负吕蒙。尽管带些江湖义气，总比颠倒是非、落井下石要强百倍。

吕蒙担心地看着我们，他不想惹麻烦。我转头安慰他，说：“不管他，有事让他找我。”果然，后来我和这位工宣队员在“五七”干校再次相遇，那是后话。自此后，吕蒙与我的关系又近了一步。

美协恢复后，我又和吕蒙一起工作。吕蒙调上海中国画院当院长，也是美协的副主席，已经七十多岁了。我们都说他老骥伏枥，是老黄忠。他去画院工作前，我们合作过一幅版画，吕蒙是战争年代过来的老革命，经历过艰苦岁月的历练，身体一向很好。但那次，他对我说，两手有些发麻。我听了，很担心，提醒他快去医院看看。他这人平时对自己身体不大注意，很少去看病。

以我少年时代开始积累的中医知识，知道手麻往往是中风征兆，他后来去看医生，果然确诊为高血压。吕蒙后来过世，也是因为高血压引起的中风。美协好几位画家过世于中风，“文革”结束的前后几年，陈秋草也中风了。

吕蒙和我同乡，八十年代初，我们一同回过一次家乡。他从十七岁参加革命离开家乡，到六十七岁，我们一同回去，整整过去了半个世纪。那次回乡，他感慨万千，非常高兴，很满足。

我有个同学叫董岩宽，在永康做宣传部长，也是《永康报》社长、总编。他曾请我帮忙，联系书法家赵冷月为永康报题写刊名，事后他很感激。他和永康文化局长林克成，两个人都懂画，也爱画。他们以永康文联的名义发请柬，邀约我和吕蒙回乡参加活动。

吕蒙决定回去，并带上了黄准和自己的妹妹。我也带上了我爱人。吕蒙妹妹叫徐以华，但他们是千真万确的亲兄妹，吕蒙原名徐京华，参加革命后改为吕蒙。他妹妹嫁到了吕（公望）家，是显赫家族的媳妇。

这次回乡，我陪着吕蒙，一起上方岩山拜胡公，登北山，遍览家乡名胜，我给他讲很多他不知道的传闻旧事。吕蒙是名人，从上海回来，来拜访的人摩肩接踵，有叙旧的，有探亲的，有求画的。吕蒙心情愉快，有求必应。太劳累了。之后数年，他的中风日益严重，终致行动不便，再没回过永康。

六、探监林风眠印象记

沈柔坚一声叹息

“文革”期间，上海美协领导沈柔坚，在自己的问题澄清之后，有一桩心事始终放不下，他惦念着挚友林风眠。沈柔坚是福建诏安人，林先生出生在广东梅州。两人地域接近，语言相通，都讲闽南话，彼此感情深厚。一次，不知是随感而发，还是对我抱有期望，认为我能有些办法。沈柔坚叹息说：“我很想念林风眠！”

沈柔坚的这句话打动了我，为着“文革”中人与人之间的温暖真情，也是因为我自己很想去看看林先生。

沈柔坚说这话是1972年初。此时，要见到林先生并不容易。他在哪里呢？林先生处境凄凉，已经身陷囹圄，被关在蓬莱路的上海市第二看守所。

我第一次听到林先生入狱的消息时，非常意外。那次我陪同他去写生，前后相处三周多时间，朝夕相处的生活最能看出一个人的个性和品行。我印象中的林先生，很守规矩，为人小心。他内向，不怎么说话，甚至有些孤僻，自己不太主动联系人，待人稍嫌冷淡，对政治、对交际都没兴趣，不热衷。他唯独对艺术坚持、执着。后来我看到中国美院院长许江评价林风眠先生为“一只孤鹜”，觉得非常贴切。这样的个性，在解放初风起云涌的火热形势中，虽然显得有些寂寞、不合群，却也不至于滋生麻烦，甚至到入狱。

有关林先生入狱的原因和背景，我所知道的非常有限，沈柔坚当时也不比我知道更多，据说最初林先生自己都说不清楚。他被抄家入狱，直到预审，才知道自己的罪名被诬陷为“特务”。

我听说林先生在狱中受过苦，也听说傅雷先生与夫人的“文革”遭遇，令林先生伤心难过，精神上压力很大。他和傅先生早年留法时相识，是多年好友。林先生自己曾写过一首小诗，表达他狱中的境况和心情：“一夜西风，铁窗穿透，沉沉梦里钟声，诉不尽人间冤苦。”我们听闻，都唏嘘叹息。

我尊重林先生，又有昔日相处的情分，如今，听到沈柔坚的叹息，不管他是有意还是无意，我都积极响应，于是说：“我想想办法，去看看林先生。”

沈柔坚眼睛一亮，很专注地看向我，眼神里满是期待，期待我说出具体办法。他可能没想到，真的可以有办法。

“林先生现在在牢里。到看守所看人，得有一封介绍信才行。有了介绍信，我才好以调查他为借口，去看看，了解他现在的情况。”

沈柔坚听我说话，连连点头。我能明白他的内心想法，但知道他不方便去，自己刚经历挨整的打击，不能再节外生枝。他嘱咐我小心从事。

我预先准备好一套说辞，找工宣队负责人说明情况，重点陈述探监的目的。还算顺利，没有多费口舌就拿到了介绍信。我拿着介绍信，向沈柔坚汇报。他很高兴，他原本以为不会这么顺利，甚至根本办不到。

如今四十年过去了，追本溯源，当年沈柔坚可能随口而出的一句话，一声无奈的叹息，成为我和他筹划探监林风眠先生的缘起。

林先生是大画家，即便在狱中，也受关注，去探监，有一定的政治风险。另外，“文革”乱世，每个人的想法都是“多一事不如少一事”。当时，很多罪名和批判的由头，经常凭空而降，莫名的，主观臆测的，牵强附会的比比皆是。多数人但求自保，希望平稳过日子，不愿冒险，不想给自己惹事。另外，看守所是什么地方？不是好地方。在一些人眼里，那是阴晦之地，会带来霉运，不愿和它扯上关系，哪怕是工作原因，能回避就回避。为见林先生，这些我并不介意。

虽然我不在乎，但是拿到介绍信后，我却在想，和谁一起去呢？这类政治性、原则性强的工作，按规定不允许单独行动，要求至少两个人。不久前我去闽南和北京取证沈柔坚的平反材料，也都是两三个人同行。

我想到了同一个部门的项宪文。他也是大学生，个人素质好，比我晚一年分配到美协工作。我信得过他，向组织说明，要他和我一起去。他基本听我的，这样我就能掌控全局，遇到意外情况也能按我的意愿处理。项宪文不光是我关系好的同事，后来还成为我的连襟妹夫。

那几天，我其他的事情都往后排，专心考虑探监林先生的事：到了看守所，说什么，怎么说，如何把要传达的意思暗示给他，怎么做才不会给林先生带来麻烦，也能保护好自己和小项……我一样一样尽量考虑周全。这期间，沈柔坚也过问过两次，他非常关注。

狱中情形

我和小项是那天一早到的看守所。我们进门，盘查很严格。我交上介绍信，狱警十分认真地查看、登记，然后安排我们在接待室等候。

等了很久，我环顾接待室，一个小房间，中间放张小桌子，两把椅子，其他什么都没有。后来听到声响，人行走的声音，细细簌簌，由远而近，林先生被带进来。

这之前，我有很长时间没有见过林先生了。乍看之下，很让我吃惊，虽然我有心理准备，知道他在牢里，好不到哪儿去，但实际情况还是出乎我意料，让我无比心酸。他人明显憔悴衰老，以前就很清瘦，但精神头还好，现在更加消瘦，颧骨和额头突出，有点弱不禁风。精神状态也不是很好，有些萎靡、迟钝。此时，林先生已过七十岁，是古稀之年的老人了。

我看着他落座。给他坐的椅子，是那种法庭上审判时，犯人所坐的样子，圈起来的。我坐在对面，和林先生隔着桌，桌子不大，两个人很贴近，就是面对面了。我张口，先叫他一声“林先生”，他未及应答，已经开始低头拭泪。

我持有军宣队的介绍信，看守所并不安排人在旁监视，交谈环境比我预想中的宽松许多，来之前精心设想的一套说辞，没派上用场。但我之前不敢不多想，探监林先生机会难得，我必须考虑周全，设想到在严格监控的环境里，怎么把要说和要做的办到。错过这个时机，留下遗憾，后悔也没用。现在没人看着，对我更有利，我们谈话可以放开些。

我知道时间宝贵，开门见山。我说："林先生，您受苦了，我们主要是来看看您。沈柔坚先生的问题已经解决了，您放心。沈先生心里也很想来看您，但是不方便。"

听了我这两句开场白，林先生点点头，神情舒缓了一些。他也很关心沈柔坚，一来两人感情好，彼此惦念。二来沈柔坚是新四军出身的老领导，资历深，有影响力，可以帮忙。沈柔坚自己的问题解决掉，等有时机，就好为他出力。他是美协的人，解决问题最终还是要靠组织上帮忙。

接着我们又简单谈了几句。我主要表达两点意思，情绪上安慰林先生，希望他更坚强，能渡过眼前的艰难时光。另外，就是告诉他一些沈柔坚的具体情况，让他看到希望。我深知后者对他更重要，林先生在上海孤苦无依，以前沈柔坚很照顾他。现在他身处困境，唯一可依靠的也只有沈柔坚。心存希望，有了盼头，林先生在狱中才能把接下来的生活过下去。

果然，林先生非常关注沈柔坚的情况，听得特别仔细，问了好几个问题。之后他谈起自己的狱中生活。他说："小胡，你看，我连裤带都没有，他们拿走了。"边说边作势掀起衣襟给我看。"我一天只能吃到两餐饭。他们一次次找我，提审我，还打我……"说着说着，林先生又落泪了。

此时，他是"犯人"，我是美协工作人员。可是，自始至终，从一起写生到后来他远赴香港，林风眠先生都是令我肃然起敬的大师，就是在看守所里也一样。林先生比我年长三十九岁，是我的父辈，而且他1928年创建杭州国立艺术院，是我母校浙江美院的前身，我们又有师生之谊，我非常爱戴他。

我听着他断断续续地描述，无比同情，心头酸楚，眼眶也红红的，差点落泪。我心想，"文革"前我陪林先生在汤溪村下生活，水稻专家陈双田安排我们住在农民家，我尚且担心林先生住不惯、吃不惯，哪里会想到他有今天的境遇。汤溪生活条件及人们待他的态度，比起这里来简直天壤之别，不知好到哪里去了。

我知道自己不能流泪，我来是为了安慰林先生，和他一起涕泪长流哪里像话，那样怎么能给他力量，帮助上他呢。另外，也不能让狱警看出异样，给下面有可能的安排带来障碍。我继续向他介绍了一些其他情况，有美协的，也有社会上的，都是他想知道的。林先生入狱以后，无法读书看报，闭目塞听，外面的很多讯息都不知道。他听我说外面的事情，流露出兴趣，偶尔插一两句话。

除了介绍情况，我想趁看守不在，明确说些话，鼓励他一定要坚持下去，却又语噎，毕竟是晚辈，不太好说。何况，"文革"这样的乱世，身处其中，谁又能预测什么时候能结束，下一刻发生什么，以及林先生的命运何时能出现转机呢。

按规定，见面的时间不能长，我看林先生的情绪明显好起来，脸上有了点神采，马上和他商量下一步安排。

我说："沈先生这次不能来看您，他没办法。但他很想念您，大家都想您，惦记着您。我们想找个借口，把您带出来，见一下面，您可愿意？"

他说："好！"

我接着说："只是要委屈您，要以批斗为借口。"

林先生回答："好。"表示不介意，言简意赅，不啰嗦。又恢复成了我以前熟悉的样子。

我总是意犹未尽，想再多说几句安慰的话，奈何时间过得飞快。看守进门，催促我们离开。我匆匆结束和林先生的见面，急于回去向沈柔坚汇报，及安排林先生出来见面的事情。

临出门，我再回头看林先生的样子，心里又一阵难过。

走出接待室，我谢过狱警，简单寒暄两句，想多了解些看守所的情况。我说："你们就给关押的人吃两顿饭啊？"

那个狱警比较粗鲁，大概在这种专政地方待的，说话很不客气。他答："吃那么多干嘛？整天关在里头，又不做事。吃两顿够了，上午十点，下午四点。"

我特意又去看了看守所的厨房，看到林先生他们用的餐具。一个圆形饭盆，中间隔开，分成两个月牙形空间，一边盛饭，一边放菜。厨房里一口大锅正在做菜，师傅胡乱搅拌，马马虎虎，油盐不均，有的菜叶都没完全烧熟。我心想，老年人的肠胃怎么受得了。

这次见面时间有限，没有当面问及林先生入狱的原因，后来便再没机会听他亲口说明。多年间，关于林风眠先生入狱的背景较少听到一个准确详尽的说法，有的是道听途说，有的以讹传讹，并不确切。我知道的是，他问题的源头在北京，当时他的案子由北京的专案组负责，几次提审他，也是北京来人。

装模作样的"批斗会"

我回来后，向沈柔坚汇报了林先生的狱中情况。沈柔坚一阵伤感，片刻后，才叹一口气。他很心疼古稀之年的这位老友。我向前走一步，问他："你想见见林先生吗？"

沈柔坚答："想啊，有啥办法吗？"

因为之前已经和林先生通过气，有了默契。我说："得再开一张介绍信。林风眠是咱们美协的副主席，知名画家，有些问题只有他清楚，我们找这个借口，说要揭发批斗他一下，就能把林先生带出来，大家见上面。"

沈柔坚觉得主意好，很动心。我去看守所探监的成功，增加了他对后续安排的乐观。只是他还有两点忧虑：怕林先生不同意，又担心看守所那边能否放人？

我说："林先生那边已经说好，他同意的。看守所应该也不会有问题。"

沈柔坚见我说得把握十足，马上让我接着去办。我入职美协后，一直在沈柔坚、蔡振华身边工作，办过不少具体事务。他比较信任我，有些事情喜欢找我帮忙，一般他交代完事情，不用说具体方法，我总能办好，他对我放心，对我的办事能力放心。

我一边安排召开所谓批斗林风眠的会议，一边策划去看守所接人。这时，美协里有几个人知道我去探监林风眠的事情了，很赞佩我的勇气和能力。他们也关心林先生，同情他。在美协，林先生资历深，却不倚老卖老。他与人交往少，也因此不生事，不得罪人，所以人缘不错。

开“批斗会”那天，我带着介绍信，代表美协去看守所接林先生，依然是两个人同去。事先已经沟通过，可是看守所多少不放心，要派人跟着，或者是有相关规定吧。来了两个狱警，荷枪实弹，毕竟林先生在“坐牢”。我不在乎这些形式，只要林先生回来一趟就好，让林先生出来走动走动，也让沈柔坚和他见上面。

一路上，我看林先生，他不说话，很顺从。林先生其实是个很老实、听话的人。

批斗会放在一楼会议厅，我们事先做了安排，既不能真斗，伤害到林先生，也不能露出破绽，给美协带来麻烦。林先生带到的时候，沈柔坚、吕蒙、蔡振华等一众关心他的人老早已在等候。大家假意开了二十分钟会，不痛不痒地批斗了一番，都很同情和担心林先生，不好说出来。

这样的会不能开太久，否则不真实，林先生身体也受不了。虽然我们都有点不舍，还是按事前向狱方的说明，很快让狱警将林先生带回去了。

他走后，大家又议论了几句，都是同情和关怀的话，会上不便说，现在都说出来了。只是他们不知道，这个“批斗会”是沈柔坚和我导演的一出假戏。

我最后一次见到林风眠先生是1977年9月，在上海美术界“纪念毛主席逝世一周年”的笔会上。这之前，1972年冬，据说在周恩来总理的过问下，林先生的问题得到澄清，得以离开看守所。他和周总理留法时是“同学”，相互认识。

那次笔会安排在黄陂南路上海美术馆，沈柔坚、吕蒙和我是工作人员。

海派画坛健在的老画家都有出席，我在现场看到了刘海粟、唐云、王个簃、朱屺瞻、应野平、陈秋草……林先生也到场了，还参与了集体创作。我想这可能是他在大陆的最后一次公开露面。是否如此，没考证过。那次见面，林先生的精神状态比我去探监所见，恢复不少，但人依旧消瘦、沉默。这次见面还弥补了我金华写生时没能和林先生合影的遗憾。记者拍了照片，发表在1977年第十二期《人民画报》上，其中一张是林先生在作画，我站在边上观看、照顾。

不久，林先生便去了香港，走时特意给我留下一幅画和一张便笺。据说他给其他好友都留了画。巴金先生收到的是一幅《鹭鸶图》，至今挂在武康路113号巴金故居的客厅中。吕蒙收到的是一幅《瓶花》，现藏于中华艺术宫。他到香港后，一度化名"林琼"，给沈柔坚来过几封信。"文革"结束后，沈柔坚也专程去香港看望过老友。彼此堪称情深义重。

我是晚辈，能得到林先生的画很幸运，惹来周围人羡慕。很多人并不知道"文革"期间我探监林先生，以及安排他出来与沈柔坚见面的事情。

这张画，他托潘其鎏带给我，画的是林间小鸟，色彩柔和不失明艳，构图清简流畅，极像林先生在我心目中的为人。林先生的人品、艺品，值得我们永远怀念。我常说，一个画家是不是大师，有很多评判标准，但我就相信一条，最简单、最朴素，就是看能否扬名三代以上。而林风眠先生早已名留画史。

1
2

图1　1959年胡振郎人物画作品《拜工人为师》,此画为其入学浙江美院后创作的首幅作品
图2　1963年胡振郎人物画作品《老来红》,此画为其毕业创作作品(浙江美院收藏)

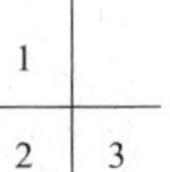

图1　1962年胡振郎创作的人物画《兽医姑娘》，该画入选全国美展，后被十多家报刊发表
图2　1963年9月，在金华地区写生期间，胡振郎在新安江水电站前留影
图3　1963年9月，在金华汤溪写生期间，胡振郎创作的李咏森先生人物速写

1
2 | 3

图1　1965年1月，胡振郎代表华东六省一市送入选第五届全国美展的作品进京，展览期间在中国美术馆前留影

图2　1966年1月，胡振郎在上海市川沙县虹桥公社第四大队生产队农家住舍门口绘制“四清”教育用幻灯片（王朝桢摄）

图3　1986年7月初，上海美协代表团首次访日期间，胡振郎（左）与沈柔坚在京都美术馆合影

1 图1　1964年秋，胡振郎（前排右二）和蔡振华（前排中）参加上海市农场局第一届美术作品展览

2 图2　二十世纪九十年代，吕蒙（左四）与胡振郎（执笔者）一同回故乡永康考察创作

图1　1977年9月，林风眠（执笔者）出狱后参加“纪念毛主席逝世一周年”笔会，据说是其离开大陆前的最后一次公开露面，该活动由胡振郎（左一）召集

图2　1977年林风眠先生离开大陆前赠送胡振郎的《小鸟》册页

1
2

图1　二十世纪九十年代，胡振郎在上海美协办公楼前留影，其身后建筑一楼的会议室即为当年林风眠“批斗会”的现场

图1　胡振郎1983年创作的山水画作品《漓江帆影》于1992年在日本东京举办的国际美展中获得金奖

第五章　求艺不懈

一、从干校到画院

下放奉贤干校

自从来了工宣队后，他们手握重权，万事皆管，成为事实上的当权派。

工宣队队员主要来自工厂，一般都是党员、家庭出身好，但喜欢按军队体系管理，如在文化局设立团部，几个单位并在一起，美协、作家协会、戏剧家协会、摄影家协会、音乐家协会合成“四连”。连下设排，作协一排，美协是二排，其他的小协会凑成三排。除了军事化编队，日常行为也向军队靠拢。我们长途拉练，去佘山劳动。一天之内要走上几十公里路，还要劳动，很辛苦，说是为了磨砺意志。我走这点路不在话下，报考美院时，一天一夜上百里路我都走过。其他人就不行了，第一次步行这么远，很多人满脚血泡，怨声载道。

此时，上海的五七干校也成立了，在奉贤塘外的海滨，靠近金山卫，当年日军登陆的滩涂附近，偏僻荒凉，周边都是烂泥浆，很难种出庄稼。在空地上搭建营房，就地取材，用芦苇盖起三排房子，整齐排列。房子的一面山墙以泥浆涂抹，为的是方便贴大字报。屋内上下架子床，和大学宿舍一样。

去干校之前，我在巨鹿路，协助孟波专案组整理材料。不久，全国各地发生大规模清查“五一六反革命集团”运动，我接触过上世纪二三十年代文艺界名人资料，也因此靠边站，被赶到了奉贤，进入五七干校学习改造。

因为在办孟波案的过程中，新来的工宣队领导对我很不满意，为了给我一个下马威，他们隔夜组织人写我的大字报，贴满干校的烂泥墙。我刚到干校就看到了，大标题写着：“把胡振郎反对工宣队的嚣张气焰打下去！”

到干校参加劳动，我没意见。但是看到大字报，我怒火万丈，想不通。我听党的话，积极工作，公正地解决沈柔坚、吕蒙问题，怎么我成对立面了呢？同时，我愤愤地想，看那些说风凉话的家伙，还敢背地里说我两面派？

工宣队的汪连长找我谈话，开头就给我定性，说："你有问题。"我反应迅速，问："我有什么问题，说清楚。"语气比他有底气，语音比他还高。他愣了一下，想来我的应对很出乎他意料，与别的谈话对象不同。他稳了稳神，说："你怎么保证你没有问题。"我看他色厉内荏，也说不出实质内容，更有胆气，拍着桌子说："我用党性保证，我学生时代就入党了。"谈话到此为止，他没再说什么。

连长在我面前折损了面子，狡猾地回避了正面交锋，但不时给我穿小鞋。当时在五七干校劳动，每月可以回上海四天，与家人团聚，拿换洗衣物。每次回城都是长途跋涉，半夜三更出发，从月挂中天走到黎明破晓，从奉贤走到徐家汇，再解散，各自回家。自从顶撞了连长后，每月回家的队伍里就没有了我。我孤零零地和已经划成牛鬼蛇神的一起，在空旷的营地里"坐牢"。

有时候，工宣队让我安排剩下的同志干活，说："你们关心一下田里种的东西。"他说得轻松，我也答得简单，正眼都不看他，回敬一句："我是牛鬼蛇神，怎么领导牛鬼蛇神。"他看没办法指使我，悻悻地走开。我和工宣队的积怨又添一层。

"文革"中，真是一个运动接着一个运动，不久又搞出一个"四个面向"，所谓面向农村、面向工厂、面向基层、面向教育，鼓励机关干部到这四类地方去。工宣队要求我报名，我回答："我不报。我生在农村，在农村呆了好多年。我当过铁匠，做过工人，在工厂也呆过。工厂就是基层，这几个地方我都经历过。"我坚持不报名。

我身在干校，家里的事情也照顾不上。没想到，我爱人积极响应号召，我在奉贤，她并没和我商量，自己去报名了，被分配在上海安化路的化工厂。1971年春天，我们的第二个女儿才出生，而我又在干校，不能回家，照顾孩子便成了难题。我爱人只好每天抱着孩子上班，工厂化学元素超标，我到过那家工厂，空气中弥漫着一股难闻的味道。

在那种环境里工作，我爱人还带着孩子，一想到就很焦虑，但又无可奈何。“九·一三事件”后，《人民日报》刊发社论《惩前毖后，治病救人》，要求正确执行党的干部政策，在五七干校改造的人员陆陆续续回到上海。工宣队找到我，说：“小胡，这次你可以回去了。”

我已经在干校呆了四个半月，别人回上海都没我的份，我早就不满，便呛声说：“你把我的问题搞清楚了？什么结论？”

他说：“小胡，你不要计较什么结论，这事儿就算过去了。”他一口一个“小胡”，语气里透着息事宁人。

我想趁机也要把我爱人调回来，便说：“那不可以，你们打击报复我那么厉害，把我老婆、孩子都弄到工厂去了，怎么能轻飘飘地说算了。”

其他人都乐呵呵地回去了，如果我不愿意走，上级必会责备他们没有落实好中央指示，所以他努力说服我。“你别激动，你先回去，回去就好解决。”我问他：“能保证吗？”他一迭声地说：“能。”果然，我回到上海没多久，我爱人就从塑料厂重新回到美术展览馆。

美术界所有“四个面向”中调离的，她第一个回来。如果没有我的坚持，回来的事必将遥遥无期。有的人到“文革”结束，都没回到原单位。我被工宣队为难一下，虽然受些委屈，却坏事变好事，解决了家里的困境。

在画院待了两年

“文革”中名目繁多的运动早已让我乏味，除了折腾人，没有任何意义。光阴似箭，时不我待，我正值壮年，耽搁不起，心里惦记的还是绘画。经历“文革”动乱，我越发怀念初到美协的时光，感到画画才是正途。所幸，机会不久就来了。

1972年尼克松访华，是中国外交史上的大事件。这件国际大事，对我个人来说，也是一个重要转折点。

“文革”后期，中国开始考虑缓和与西方的关系。中美经历一系列艰难的尝试性接触，1972年2月21日，美国总统尼克松的“空军一号”降落在北京首都机场。在这改变世界的一周里，尼克松还要来上海，否则就没有著名的《中美上海联合公报》了。这次尼克松一行走访了北京、上海、西安三个城市。实际上2月21日当天，尼克松已经到过上海。那天，他的专机从夏威夷起飞，先到上海，在上海稍事休息，当天飞抵北京。因为谈判顺利，2月28日，尼克松将再次正式造访上海，陪同前来的还有周恩来总理。

尼克松访华的安排和接待，从上年已经开始筹备。上海的接待任务由革命委员会负责，张春桥亲自抓。当务之急是重新布置外宾入住的酒店，一改铺天盖地政治色彩浓郁的境况。上面调陈秋草、应野平、胡若思、林曦明、项宪文和我去画画，准备布置酒店大堂、餐厅、客房……凡是美国客人可能到的地方，有可能安排接待的酒店都要布置，尤其是锦江饭店和西郊迎宾馆。

我们在中国画院画。画院在汾阳路，人称“白公馆”，离普希金铜像不远，院长丰子恺，副院长王个簃、贺天健，党总支书记程亚君。只是，我们去画画的时候，已经没有领导，都被打倒了。造反派当政，工宣队有个鲍师傅管着画院。

为创作，我和项宪文到鲁迅纪念馆呆了不到两个月。在鲁迅纪念馆我见到了陈烟桥与鲁迅先生的合影，就请他们多印一张，现在我手里还存着。

当时很多选题都是指定的，上面布置好了，大家分工，领任务，各自画几张。美术创作有个时髦的革命口号，叫“搬石头，砍老树”，要求创作者摒弃传统，画新东西。

从鲁迅纪念馆回来，我按照“搬石头，砍老树”的思路，完成了创作任务，之后便留在了画院。美协已经没了，原来美协的领导和同事都在美术展览馆办公。我想，不如呆在画院，能专心画几张画。毕业后，一直以行政工作为主，但我始终没有放弃做个真正画家的理想。现在外面这么乱，躲在画院，回归专业，不失为上佳选择。

果然，从1972年开始，我在上海中国画院呆了两年，专事创作，收获很大，践行了初心，特别是完成了从人物画家到山水画家的转型。

画院办公楼原是一位旧军阀的产业，三层花园洋房。一楼会议室，二楼三楼办公，也有画室；地下室也做画室。我们从美协过来，画院把我们当客人对待，待遇好。我的办公室在二楼东面，一大间，很气派。里面有一张红木画案，我和程十发先生对面而坐。同屋还有潘志云，吴湖帆的学生，他坐在靠门口的小桌子旁。

1973年，工宣队鲍师傅分派任务，让我们去黄山创作反映十一个英雄的作品。这十一个英雄是黄山茶林场的下乡知识青年，劳动的时候被洪水冲卷走，光荣牺牲了。画院派我、毛国伦、项宪文、陈应华四个人，去三周。

到了茶林场，我们先参加劳动，背水泥、黄沙，从四队背到八队，翻山越岭，大家累得不行。

后来，种种原因，十一个英雄没画成。许多知青知道我会画人物，纷纷以请教的名义来求画，顺便请我为他们画肖像。

其间，我上了黄山。这是我第一次上黄山，后来尽管去过多次，但都没有第一次印象深刻。黄山似乎是画家必到之地，特别是对有志山水画者。中华山水美轮美奂，但仁者见仁，智者见智，去过的人总有不同的感悟和评议。唯有黄山，在大家的口碑中如此赞誉一致。多次去过黄山的老画家，曾不无炫耀地说："黄山和西湖，至少要去六次，春夏秋冬，加上有雪和雨雾的天气。"我觉得这说法有道理。

那天，我们从黄山山门往上攀爬。山上交通和服务设施远不如今天，抬头仰望，尚处原始状态的黄山，显得更加俏拔隽秀。我始终认为，如今景区铺天盖地的过度建设中，黄山的开发值得借鉴，它适度、谨慎，没有倒置自然与人的次序。

因为计划要在玉屏楼过夜，住几个晚上，我们艰难攀登时还背着行李，非常辛苦。黄山的景色之美，令人流连忘返，在山上呆几天都值得。但我们没多呆，除了工作原因，主要是山上没吃的。山上所有生活物资，都要依靠人力，十几里山路，一步一阶，从山下挑上来。价格昂贵不说，几乎很少有挑选余地。我们早晨就吃稀饭，配油炸龙虾片。

住在山上，晨起暮归，我们在山间漫步，不赶时间，看了迎客松、送客松，栈道也战战兢兢地走了，凶险的天都峰也上了，当真是无限风光在险峰。回来和别人一说，大家无比羡慕。有的人去过几趟黄山，都没敢上天都峰。我第一次去就比别人见到更多景观。他们不知道的是，天都峰险峻，我也是壮着胆子往上爬，白天惊险，吓得我晚上睡觉心里还在翻腾。

离开黄山，我们从云谷寺下山，没有索道，完全凭借脚力。上山，山上又走了很多路，加之我关节不好，下山更加辛苦。幸好有毛竹，就地取材，我做了一枝拐杖，支撑着行走。下山路上想起高考报名的情节，紧张赶路，为了理想，几百里路不在话下，如今爬黄山这样艰辛。我自嘲地想，真是应了那句"生于忧患，死于安乐"的话。

工宣队的鲍师傅来茶林场看望我们，听说我们上了黄山，便也赶过来。我们下云谷寺，刚好他有车接大家，否则仍有一段长路要走。此时，每个人都很疲惫，看到鲍师傅来了，意外又开心。那次同去的有毛国伦、项宪文、陈应华。回去之后，我画了好几张风景画，与以往所画风格不同，我自己十分满意。黄山之行，虽然短暂，但让我领悟到意境对于山水画的意义。

创作《永不松劲》

之后我们动身回上海。从屯溪乘船，经新安江随波而下，到了淳安。明代海瑞在淳安做过官，姚文元的评海瑞罢官，使这位五百年前的知县声名大噪。但我们前来，不为追捧，碰巧经过而已。古代淳安很穷，新中国成立后经济发展起来，物资丰富，今非昔比。大家在黄山吃得不好，到淳安后享受了一锅大鱼头汤。再到兰溪。金华地区，水路纵横，湖泊密布，有些地方解放后很多年，才通火车。兰溪有小火车，我们乘车到金华。金华是我的大本营，人和环境我都熟悉。胡金根接待我们，帮我们联系写生、作画的地点。金华风光美，所以每次到金华，无论是经过，还是专程；无论是春光，还是秋色。大家都留下很多写生作品。

我自然要去拜访劳坚清先生。我去他家，地址没变，一晃已经几年没有登门。新中国成立后，万象更新，我的生活发生了很大的变化。但劳老师家里没什么改变，还是那么清寒，很让我感慨。我不禁想起刚工作的时候，与劳先生的通信。信中他祝贺我能到上海工作，并鞭策和提醒我说："上海是个大染缸，你千万要洁身自好，取长补短，见贤思齐。"劳先生早年毕业于上海美专，在上海生活过，了解海上画坛。这次，我第一次见到师母，并得知劳先生的女儿已经出嫁。以前毕业创作，我住在劳家，就是他女儿照顾我们俩生活。

告别劳先生，我又去见朱力光。他在"文革"中受到冲击，情绪低落。就是此次，他沮丧地告诉我，林风眠先生的画被抄家的造反派拿走了，遗憾至极。

离开金华，我们去了杭州。本也可以直接回上海，但一想到上海的压抑气氛，大家都留恋相对自由的写生时光，愿意在外面多呆些日子。而杭州，湖光山色，风光旖旎，是一个令所有人向往的地方。项宪文和陈应华第一次到杭州，不禁感叹"此景只应天上有"。毛国伦虽然来过，有些景点也还是第一次去。而我，观景已在其次，大学五年，我们的写生对象覆盖西湖和城内各处，都看过了。

我想去看看李震坚老师，三位同事同行，走到西湖边，大家留下合影。李老师见到我，意外又喜悦，了解到我毕业后的情况，更加高兴。他亲自陪着我们在西湖边走了一圈。后来我们还去了动物园，去看老虎。这次出行，是"文革"苦闷生活中，少有的一次轻松。

离开杭州，我们乘坐三个小时火车，回到上海。这次离沪，本是带着画十一个小英雄的任务，回来后不让我们画了，让大家都去徐汇区画劳动模范。但还是有人画了十一个小英雄的题材。是同为上海画家的徐纯中，他还因这幅画出了名。

劳动模范当然都在基层，所以我们要下生活。新中国成立后落实延安文艺座谈会精神，艺术与生活结合，艺术与工农结合。下生活，于我们司空见惯。

这次下生活分了好几个组，项宪文去了上海交通运输局，我去铁路局，跟着工务段的一位段长工作。我画了很多工人的头像，刻画得最好的是个巡道工。我跟着这位师傅每晚按时巡道，风雨无阻一整个月，很多次我们都是顶风冒雨。正是深秋要入冬的天气，风雨中，气温骤降，寒意入骨。我深深体会到工人的辛苦，以及他们性格中的坚韧和乐观。因为体验生活深入，加上深刻思考，感悟力强，我创作出一幅好作品，题为《永不松劲》。因为有着活生生的体验，这幅画就在一个晚上创作完成。万籁俱寂，环境安静，心底却激情蓬勃，创作思路连贯，画出的工人形象很有感染力，工人阶级特有的雄浑气魄，似乎能跃透纸面冲击人心。

这幅画交给画院，同事都觉得画得好，后来在报纸上发表了。同类的作品，1973 年还有一张《擦亮眼睛》，我和张迪平合作。那次我们去上海大厦实景采风，回来后，趁热打铁，我俩三十个小时不眠不休，完成创作，被上海美术馆收藏。

“文革”结束后，美协恢复，我离开画院，没有想到要带走《永不松劲》这幅画。九十年代，我已经是成名的画家。我堂兄的女婿陈志勇在一个拍卖会上，意外看到这幅作品正在上拍，便购买下来。这幅画现在保存在他家中。原本应该是公家保管的作品，怎么变成了商品，我一直很纳闷。

二、去西藏

第一次坐飞机

1974年初，沈柔坚也来到上海中国画院，担任党总支书记。没了美协，我们都成了弃儿，因为有过往渊源，能重新有机会一起工作，我非常高兴。只是，他在画院没呆多久。几个月后，调去文化局当副局长。

其间，适逢上海革命委员会动员美术工作者支援西藏。

1975年9月，西藏自治区成立十周年纪念。自治区准备筹划一个大型美术展览，以雕塑为主，辅以绘画，揭露惨绝人寰的旧社会、旧制度，讴歌解放，讴歌新中国，颂扬人民当家作主的自信豪迈。沈柔坚主持会议，动员大家积极报名。

以前“四个面向”，下工厂下基层，我有意见，这次却真想去。沈柔坚没想到我报名，他知道西藏条件艰苦，怕我受不了。

他说：“振郎，你身体吃得消吗？”他见我态度坚决，又说：“你家里小女儿太小，大女儿读小学，爱人也上班，怎么照顾得过来？”

他是为我着想，我说：“去西藏的机会不多。这些年写生，我去了很多地方，但是西藏地貌壮观、景色奇丽，有内地难得一见的自然景色。我已经转型画山水，想去见识一下那里的奇幻风光。”

我是党员，又在美协工作过，而且此时已是有名气的画家，各方面都符合条件。沈柔坚自然不再说什么。不久，我便被定为援藏人选。

当然，我之所以报名援藏，除了进行艺术创作，还有其他原因。比如进藏可以坐飞机，我没坐过飞机；听人说西藏海拔高，自然条件艰苦，生活条件落后，我想现在年轻，适应能力强，现在不去，以后可能没有机会。除此，还有好奇。我想亲眼看看这个同一块版图上的神秘地域，到底有怎样特殊的风情人情，布达拉宫是不是真和画片上一样雄伟……

这次援藏，上海派出五人小组。除了我，还有油雕院的魏景山、美术设计公司的张连、博物馆的裱画师傅戴永杰和戴家骅，两个裱画师傅都很年轻。说是西藏条件艰苦，不敢派年纪大的老师傅去。西藏落后，可能没有裱画师傅，即使有，裱画工艺也一定不及上海。上海裱画工艺精湛，水平之高在全国名列前茅，他们既可以在那里为展览出力，也可以培养人才，甚至留在那里也未可知。戴家骅最小，才二十岁。为了区分，我在心里将他们分叫大戴和小戴。

进藏的组织工作细致周到，因为我是党员，又担任过美协机关党支部的组织委员，有党务经验，被委派为此行的党团代表。

3月6日，我与大戴、小戴三个人乘火车从上海出发，魏景山和张连已经先一步坐船沿长江而上。我们约好在成都集合。成都是进藏的门户，每周有一班飞机从这里起飞。机型是伊尔18，前苏联伊柳辛设计局设计的四发涡轮螺桨短程客机。建国后，周恩来总理出访也是坐这个机型。说是安全性极高，四个发动机，坏了两个还能照常飞行，应付西藏的恶劣气候绝没问题。这个说法，给初次坐飞机的我们吃了一颗定心丸。

五个人都是第一次坐飞机，有些紧张，又很好奇。七十年代，能坐飞机，绝对是特殊待遇，不是人人都有机会的。

我们进藏，一番周折，飞机坐了两次。第一次起飞，遇到大气浪，小飞机挣扎着飞不起来。大家返回成都继续等，期间不是有大风，就是落雪，十二天后，才被允许再次登机。等待是世上最漫长无聊的事。我们打发时间，看了很多地方，包括大地主刘文彩的庄园。看庄园是为工作，为了进藏之后的泥塑创作。还有杜甫草堂、武侯祠、都江堰、二郎庙，大饱了眼福。成都真是锦绣之地，从自然到人文都异彩纷呈。

再次出发那天，天蒙蒙亮，我们便赶到机场。还算顺利，天亮后飞机就起飞了，很快飞进西藏的云彩，也许这里真的离天更近，空气透明洁净，天空湛蓝通透。两个小时后，我们安全平稳地降落西藏机场。一落地，我就急于看西藏风光。也许高原春来晚，机场在雪山脚下，一片荒凉，蓝的是天，白的是雪，剩下一片单调的枯草颜色。

五个人中只有我吸烟，跟沈柔坚、张云聘学会的，下了飞机，我就不停吸。小戴最年轻，身体最好，第一个出现高原反应，晕倒了。其他几个人也不同程度地出现不适，很快接二连三地倒下。也许个子小，血液到心脏回流快；也许我刚刚吸的几支烟，提升了适应性。总之我还好，一边和当地同志接洽，一边作为领队，照顾大家。

我们常年生活在上海，平均海拔四米左右。在成都平原候机适应，海拔也不过五百米。一下子降落在拉萨三千六百五十八米的高海拔，几乎所有人都难以适应，所以我的表现令我自己都有些意外和惊喜。

从机场到市区也要两个小时，感觉真远，我的注意力都在窗外的景物上。车开了很久，见到的景物，与我心中的预想完全不同。路上尽是绵延不尽的大片草甸，第一次看到了真正的牦牛，珍珠般撒在缓坡上。

吸着氧气参加欢迎会

好不容易到了布达拉宫下的西藏革命展览馆，那里既是我们工作场所，又是住宿之处。

对方非常热情，已经准备好一长条桌吃的东西。本来初来乍到，大家对当地食品都有兴趣，奈何高原反应太折磨人。其他几位都没动手，只想躺下休息。只有我吃得津津有味。接待人员早就预见到我们的情况，准备了氧气，给了药。几个人吸着氧气，参加完欢迎会，魏景山、小戴就被送进了拉萨人民医院，后来张连也住院了。我和大戴两个没住院，恰巧我们俩都是党员。

高原日长，抵达的当天下午四点，太阳还高高地悬挂在中天。不料好景不长，前面还在沾沾自喜，这时也开始不适，头痛，流鼻血，走路打飘……我感觉不对，因为几个同伴的反应症状，已经有了经验，于是尽量减少活动，注意休息。三天后，我已完全适应，可以正常开展工作。其他几个人仍在恢复之中。

后来我知道，身体越好、个子越大，肌肉越强健，高原反应越激烈。人体真是个神奇的组织，高原反应让人难受，却是正常的应激反应，自我保护。在上海，我们出发的时候，沈柔坚还在为我担心，他拍着小戴的肩膀，说："你没问题，胡振郎不行！"沈柔坚的判断符合绝大多数没来过西藏人的认知，没想到，小戴第一个倒下，我第一个开始工作。

西藏解放后，包括早期的进藏驻藏人员，后期的援藏人员，陆续从内地到来，其中不乏书画爱好者。但在我之前，据说只来过油画家，没来过专业国画家。很多人听说上海画《兽医姑娘》的画家来了，都来见面。我那幅画，经《人民日报》《美术》等报刊发表，后来又绘成年画，行销全国，据说在西藏许多人家里都有张贴，因此影响很大。七十年代，进藏的画家少之又少，我算较早的开拓者，西藏题材大热，已经是八十年代的事情了。

几天后，北京、沈阳援藏的艺术家陆续也到了，他们来自中央美术学院和鲁迅美术学院，都是雕塑系的。各地尚处"文革"当中，许多雕塑家行前还在五七干校参加劳动改造。对于他们来讲，能摆脱沉闷无聊的政治环境，不用无休无止地参加政治学习和批斗，到神奇的高原体察藏地风情，又能从事自己热爱的艺术工作，无异于旧貌换新颜。

援藏队伍，上海来得最早，沈阳来的人最多，有二十来个。人多了，我们就成立了援藏临时党支部。

祖国幅员辽阔，西藏虽然同样采用北京时间，但拉萨地理经度上时区为东六区，和上海差了两个时区。每天太阳落山很迟，但天亮得也不晚，因为是高原，能最早见到日光。

来之前，就知道西藏艰苦，但现实的艰苦程度，仍然超出我们想象，哪怕在拉萨这样的自治区首府。贫瘠的高原，落后的生产方式，匮乏的生产力，除了青稞，几乎什么都不生产。援藏人员的所需物质，细碎到一克食盐，都要从内地运输进来。一个人进藏一年，需要同时支援不少于一卡车的物资。川藏线和青藏线被称为生命补给线，公路上跑的基本都是军车，源源不断输送物资。据说，只能有三分之一的东西最终到达目的地，三分之一毁于塌方或翻车等事故，三分之一在路上就被消耗。

每天早晨，我们吃稀饭，偶尔外加一个馒头。这在藏区绝对是优待了。接待人员说，我们是自治区的尊贵客人，所以要特殊照顾。藏民一年四季，从生到死，就是吃青稞和酥油茶。领主家也只是偶尔能吃上土豆。中午我们吃一碗饭，加萝卜汤或者绿豆汤。日复一日，天天如此。不要说享受，连吃下去都勉强，吃到后来大家面有菜色，偶然聊起上海的美味佳肴，个个馋涎欲滴，以画饼充饥之法疗之，回沪之心有增无减。

其实自治区政府对我们非常照顾，极其用心。为了增加营养，进藏人员每人每月发一斤白糖，这样早晨吃稀饭就可以拌进去一点。而且，特别从四川请来烧饭师傅。虽然巧妇难为无米之炊，却不影响我们对自治区接待工作的感激。

进藏快一个月后，大家的身体才恢复健康，其实是适应了。几位同伴出院后，有人明确提出要回上海。我一听心里就急了。刚来一个月，真正的创作还没开始，就只有我给拉萨机场画了两幅山水画，怎么能打退堂鼓呢，我是领队，又是党团代表，不好交代。赶紧做他们工作，连安慰带教育，目的只是一个，留下别走。

水葬与天葬

因为供应的饭菜实在单调，有人提议去打鱼，说路过各种海子，发现鱼很多，何不以此改善一下生活，而且藏民不吃鱼，也不会和他们有冲突。我也同意。

一开始打上来不少鱼。这种鱼其实不好吃。高山冷水鱼，鳞厚而坚硬，肉硬而粗糙，但总比没有吃强多了，因而有一阵吃得津津有味，补了营养，关键是抓鱼也有许多乐趣。

但抓鱼很快停止了。有一天，中央美院有个援藏干部，打上来一条“大鱼”，发现却是一具尸体，看见的人魂飞魄散，听说的也不寒而栗。后来了解到，藏民的葬俗和内地差异巨大。在西藏，有天葬，也有水葬。我们就是碰到了后一种。此时才把这件事和藏民不吃鱼联系起来。从此再不敢提捕鱼，更不敢吃鱼。有的人后来回到上海，过了很长时间才适应，才敢吃鱼。

很快，另一葬俗天葬，也和我们沾上了边。还是与改善生活有关。此时魏景山和张连已经回上海了。剩下我和大戴、小戴。大戴当过兵，熟悉武器，会打枪。当时西藏革命展览馆有两个馆长，都是汉人，进藏干部。一个来自四川，姓米，一个来自北方，姓薛，都是部队转业干部。藏区艰苦，没有什么娱乐，没事大家就聊天，他们对外面的世界感兴趣，上海又是大都市，特别希望我们讲讲大上海的故事。他们也讲自己的经历，讲怎么打进西藏，彼此关系融洽。

当时，一些汉人干部为了防身，都配了枪。相互熟悉了，他们有时会把枪解下来，让我们看看。一次，大戴向薛馆长借枪，说想去打兔子。

大戴借到枪，很高兴，想着要有兔肉吃了，第二天天不亮就起床。他出门的时候，天光微启，只有一丝光明。草甸上兔子多，他拔枪在手。兔子跑，他就追，越追越远，怕赶不上，他就对准放了一枪。一声枪响，无数鹰鹫应声而起，鸣叫着四散飞走。

大戴这次是闯了大祸。原来当天有天葬仪式，天葬师傅做好准备，已经将鹰鹫聚拢而来，被大戴的一声枪响，都惊走了。接下来的天葬无法进行，死者家属告了状。

自治区非常重视。藏人视死如生，认为灵魂生生世世，如果死者的往生被打扰，这是弥天大过。上面调查，找到馆里来，大戴吓坏了，反复解释。后来，大戴没事，馆长被批评“怎么能将枪出借”。我是领队，也负有管理责任。后来派了会说藏话的翻译去解释，真诚道歉，事件算平息下来。

事后，我们苦笑，半开玩笑地说，打鱼，碰上水葬的；打兔子，惊扰了天葬仪式。还是老老实实吃萝卜吧。西藏的萝卜大，抱在手里像个婴儿般肥壮。但是空心的多，水分不足，不好吃。我们援藏期间，就这一种蔬菜。

三、林芝的上海老乡

高原一支红

进藏之初，自治区政府预想到我们的身体状况，留足缓解高原反应的适应期。适应后，开始安排任务，先让我们参观学习。记得去过大昭寺、罗布林卡，历代达赖喇嘛在罗布林卡消夏理政。这座典型的藏式园林，种有很多奇珍花木。让我惊奇的是，牡丹和芍药在这里也能被培植开花。

学习是为了受教育，最主要的方式是看纪录片。主题两个：一是揭露达赖喇嘛的荒淫无耻，二是农奴制度的悲惨凄凉，好让我们在思想上政治上站稳立场，在创作上表现正确主题。当时，我所受的教育，的确感觉西藏农奴制度是“最落后、最残酷、最野蛮、最黑暗”的，有时候一边看，一边流泪。

阶级教育持续了整整一个月。结束后，我们主动提出要去林芝八一镇。我们进藏之前就知道，那里有一家来自上海的林芝毛纺厂。

1965年西藏自治区正式成立后，为帮助西藏发展毛纺织业，上海动员一家毛纺厂到西藏支援建设。厂里女工多，都是风华正茂的热血青年，她们响应党的号召，到艰苦地方去，到边疆去，到祖国需要的地方去，义无反顾到了西藏林芝，在当地建起了一家林芝毛纺厂。

这家厂主要生产毛毯，极盛时期的毛纺厂接全国各地的订单，一床毛毯卖到五十多元，是很多工薪家庭近两个月的工资。不知是效益好，还是厂里女工多，林芝毛纺厂被誉为“高原一支红”。

我们最关心上海的同乡，也是奔她们而来，俗话说，老乡见老乡，两眼泪汪汪。当年六百多名纺织工人是敲锣打鼓、胸佩红花离开上海，派到这里的。她们千里援藏，白手起家，建设起林芝毛纺厂。说好进藏三年，可以回到上海。我们去时，已经将近十年。她们最好的年华都留在了这里，无愧于“高原一支红”。

但我们听说的情况似乎不太妙，或许是“文革”爆发，社会动乱，上海方面无暇顾及，也无人顾及，林芝毛纺厂便像一座与世隔绝的城堡，独立深山密林当中，她们似乎成了被遗忘的人。年复一年，归途无期。

从拉萨开车去林芝，部队的两辆吉普车走了一天半。除司机和陪同外，车上就我们上海援藏的几位成员，一路颠簸，苦不堪言。窗外全是草甸，看得人乏味。林芝地区驻守着成都军区的一个师，先到一处部队驻地，师长亲自接待我们。他介绍说，林芝在藏民眼中很神圣，山被称为神山。这里的森林是真正的原始森林，树木从发芽就自然生长，没有人为干预过。

我们问起上海老乡的情况。师长说：“这些上海工人过得苦，思念上海，思念亲人，有些人十年没回家了，出来时青春年华，如今人近中年。”

“她们能经常回上海吗？”

“飞机班次少，要回趟上海，像走了趟取经路。得提前一年申请，到成都后还须舟车劳顿。”师长回答。

我知道这里多为女工，问：“厂里的婚姻问题怎么解决？”

“纺织行业，女工多，很多就是女工和女工在一起，互相照顾。”

听着师长的介绍，我们更想进去，亲眼看看。

师长坐上吉普车，带我们向毛纺厂方向开去。车子穿行在森林小道中，巨树攀天，藤蔓绕枝。我们一队人，两辆车，在斑驳光影中行驶，像一滴水落入大海，被吞没得无声无息。

离厂越来越近，路边看到很多巨大的树墩，至少有数百年的树龄。我问怎么回事。师长说，砍伐树木剩下的，一部分用于建设毛纺厂，一部分是被毛纺厂砍去做燃料了，这里冬天非常寒冷。

又走了一程路，师长忽然沉默下来，说，还有很长的路，不去了。车子掉头，把我们带出了原始森林。那时，我们已经在里面走了上百里。

我其实很想去，有些失望。我想，都看到她们砍伐剩下的树墩了，应该离毛纺厂不太远，但是师长似乎很坚持，我们也不便多说。我揣测他有两点考虑，一是怕我们接触后，回到上海传播不利的信息；二是怕我们去后，工人思乡想家，情绪失控，人心不稳，以至难以控制。

到了珠峰大本营

没见到林芝毛纺厂的上海同乡，我们遗憾地回到拉萨，稍作休整，马上前往隆子县列麦公社。

由于水土不服，吃不惯，很多同志都不同程度地厌食，都比刚来时瘦了。加上捕鱼和打兔子的意外挫折，大家老老实实吃食堂，再不敢私自奢望。长此下去，不说营养不良，健康状况也开始堪忧。自治区政府考虑到这点，在出发前特批宰杀了一头牛。这头牛很肥壮，牛肉、内脏分开放好，整整一大堆，再带上唯一的蔬菜——萝卜，由一名四川厨师跟着，负责我们的餐饮服务。后来，我们就是靠牛肉炖萝卜，在列麦整整渡过了一个月，动身回程的时候，牛肉刚好吃完。

开了一天的车，终于抵达喜马拉雅山缓坡上的列麦公社。一路上，随处可见玛尼堆、山坡上的六字真言、迎风飘展的经幡，在雪山的映衬下，在高原通透洁净的日光中分外明亮。只要定格，就是一幅幅绝色的风景画。

这里终年积雪，海拔五千多米的隆孜河清冽流淌，一种别样的异域风光。在拉萨接受教育，是来列麦的前提。“文革”开始后，列麦成立人民公社，依靠相对优越的自然条件，社员的艰苦奋斗，成为世界屋脊上“农业学大寨”的一面旗帜。公社由十六个小山庄组成，分散在十座大山、三条大沟的八个山坳里。

一到列麦，我们就受到热烈欢迎。敬酥油茶、献糌粑、奶酪，我喝了酥油茶，没吃糌粑和奶酪，怕拉肚子，影响接下来的采风和写生。藏民的生活习惯与我们不同。他们出生在这种环境中，在成长的岁月里，各项身体机能慢慢适应。这时，端上来一大盘生的小羊羔肉，说是招待尊贵客人最隆重的食物。大家已经很久没吃到羊肉了，很感兴趣，但看到是生的，又有些疑虑。接待我们的主任姓谢，汉族，他劝我们尝尝："这些肉，选最嫩的羊羔，杀好后埋进雪里，温度低，没有细菌。"接着动手示范：用刀割下一块儿，直接入口。

大家一一动手，品尝起来，有津津有味的，也有难以下咽的。我因为幼年和堂兄的一场冲突，多年来一直不吃肉。但想到不能抹了主任的面子，而且机不再来，也好奇生吃羊肉什么感受，就往嘴里放进一片。羊肉的原味并不好吃，我咀嚼了一下，没吃下，后来找机会吐掉了。心中有点抱歉，公社舍不得吃的待客珍肴，被我暴殄天物了。

在列麦，即便天气寒冷，我们也都睡地上。铺上青稞秸秆，上面再盖张床单，就是床位。

列麦山坡下设有边防哨所，1962年对印自卫反击战结束后，政府在当地为烈士们修建了烈士陵园。每个牺牲的战士都有牌位，几百个牌位密密匝匝，瞻仰后感觉很受震撼。英雄们魂归高天，浩气永长存。

隆子县离珠穆朗玛峰不远。机会难得，我们提出想去珠峰。车子跑了很长路，路上都是石头。逐渐，山路越来越崎岖，越走越高，越来越冷，最后到达海拔五千二百米的大本营。这里与珠峰峰顶的直线距离约十九公里，是离世界第一高峰，地球第三极最近的地方。再往上就是专业登山，必须国家批准才行。历次的攀登珠峰都是在大本营休整，从这里出发。

珠峰大本营气候非常恶劣，而且变幻莫测，大多时候风雪不歇。我们赶上了最好的时节，每年四月中到五月底是珠峰气候最稳定的时候。历次的登顶成功，无一例外地在这个时段。我在大本营，果然看到下来的登山家。他们穿特质的橡胶衣服，防风防雪御寒，回来的第一件事就是脱衣服。衣服一脱，里面全部湿透，水淋淋的。裤子里也倒出不少水来。我没过去问他们是登顶，还是训练，感觉都是些身体素质不一般的人。

上海就我一个人去了大本营，自豪中感觉幸运。珠穆朗玛峰真美！名字美，读的时候，唇齿之间，有环佩叮当的清越；外形美，雪山和我以往看的山不同，它的外观由雪线构成，峭拔而不失雄奇；景色美，皑皑雪山，太阳下金光万丈，熠熠生辉。难怪藏民称为神山。我遥望金顶，也产生神仙居所的幻觉。总之，在我心里，青山以黄山为最，雪山最美的莫过珠峰。

这是我一生难得见到的壮美。我拿出从上海带来的海鸥相机，准备拍几张照片留作纪念。即便仲春的天气，即便大本营处于避风处，风依然很猛烈，瞬间就下起冰雹，冰雹很大，砸在我的皮帽子上，能感觉到疼。我怕相机受损，用衣服遮住，瞅准时机，拿出来又拍了几张。

幸好拍了这些照片，我回来想，看珠峰是讲运气的。气候不同，所见景观当然各异，我也许有幸看到了珠峰最美的时刻。据说一年中的绝大部分时间，即便是晴朗的日子，也极难看见山顶。因为山风吹动积雪，形成的旗云，而晴朗的日子在珠峰又屈指可数。我在大本营呆了有一刻钟，看到的景色已经足够让我震撼，一生心念。

我爱雪景，也画过多幅雪景画，就与我在西藏高原生活半年之久有关。那时，不论坐飞机，还是乘汽车，到处可见的是浩瀚茫茫的雪海，使我深感震撼，又深受陶醉，后来我画了《林场雪后》《山村初寒》《林海知音》《风雪无阻建新途》和《瑞雪》等作品，先后展出或发表。

四、画出藏地风情

泥塑展迟迟没有动静

援藏是为了工作，为自治区成立十周年的展览。从进藏第一天开始，我就希望明确工作内容。后来到处接受教育，我想，教育完就该工作了吧。之后又采风，深入生活，却始终没有布置工作任务。我比较关心，一来我想赶快创作，二来我是上海的领队，知道工作安排，好心里有数。但我只有被动等待的份儿，因为客随主便，得革命展览馆的两个馆长拿方案和计划，再等自治区政府拍板。

两个馆长都是行伍出身，一个西南人，一个东北人，他们思路总是碰不到一块，谁也不认同对方，每次讨论方案，都是不了了之。我们夹在中间，左右为难是其次，展览方案出不来，没有工作可做，终日无所事事，心里着急。北京和沈阳的领队也着急。大家私下开过几次小会，也没有办法。

自治区政府的设想，是举办一个教育性强的泥塑展。这个思路很对头，适应藏区的需要，藏民看得懂。上海来的国画家、油画家和裱画师傅，要为泥塑展绘制背景图画，因此泥塑要先动，我们才能配合。而泥塑方案迟迟不定，北京和沈阳的艺术家比我们还着急，常听他们念叨："我们在这里还要呆多久啊……"

不久后他们终于开始工作。要表现解放前后新旧社会两重天，他们的泥塑视觉冲击力最强。

翌年9月10日，西藏迎来自治区成立十周年纪念，中央非常重视。时任国务院副总理的华国锋亲率代表团飞赴拉萨，参加庆祝仪式，并为大型雕塑“农奴愤”展览开幕剪彩。不过这时候我们已经完成任务回上海了，没有参与开幕盛况，也没有参观到展览。展览的主要作品，均是北京、沈阳两地雕塑家合力打造的，据观看过的人说，现场有以前的农奴来看了后，不断用衣袖擦拭眼泪，甚至泣不成声。

我们也想拿出作品，为上海增光，但从一开始就定位我们是配角。事实上，后来我们连配角都没当上。为了突出主题，光线聚焦在泥塑上，周围背景很暗，所以就不需要挂画了，说挂了也看不见。

在西藏，我结识了一位画家，叫高峰。我去时，他已经在那里五六年了，几乎是自治区成立就进藏，属于最早的一批援藏者之一。他会汉语，懂藏话，给我们帮助很大。

为自治区首届运动会画宣传画的时候，上海的画家都回去了，我和高峰便常在一起。我们性格比较投缘。他也能画，但不会画巨幅的作品，没画过，所以不敢尝试。

说到画大画，我后来还画过一张纯水墨画《江山神韵》，10公尺 ×5公尺的巨幅山水，创作于2001年夏天。酷暑八月，在浙江东阳一家大厂房水泥地板上，我汗流浃背地画了三天，一得阁的墨汁用尽两大瓶，这幅作品是我目前创作的最大幅作品。1982年，上海友谊商店请我创作一幅丈六尺的彩墨画《黄山揽胜图》，据说很快就被懂行的日本画商买走了。

高峰擅画西藏题材的水彩画，先后送了我十多张，珍藏至今，想哪一天重逢，可以还他一部分。我回上海后，逐渐失去了联系，还画的愿望没有实现。多年来，我多方打听他的讯息，听说他后来去了中央民族学院，也托人去问，始终没有确切消息。高峰陆续送我的礼物，有藏传佛教的法号、铜铸小佛像和牦牛尾巴。可惜牦牛尾巴没进行防腐处理，离开高原干燥紫外线强的环境，遇到江南梅雨，雪上加霜，后来没保存下来。我很想念他。

农奴当了模特儿

此时在内地，“文革”尚未结束。但是列麦很宁静，山高路远，重重天堑，似乎也挡住了政治风气。藏民日复一日，生生世世重复念经祈福，宗教信仰极其虔诚，心中只有活佛和喇嘛。林彪是谁，孔子是哪个，为什么批林批孔，全盘不知，也没概念。我此时对运动也没兴趣，来到这个世外桃源，好山好水，大好风光，激起很大创作热情。也有很多时间画画。

其间我受邀给机场画过两幅壁画。机场的一位主任知道有画家来了拉萨，而且知道我画过年画《兽医姑娘》，因此请我为机场画大幅国画。主任对我说：“你来拉萨的时候看到了吧，机场光秃秃的，不美观，体现不出社会主义新气象。马上要庆祝自治区成立十周年了，来的人肯定很多，说不定中央都会来人。你给我们画两张，美化一下环境。”

我答应了，后来给拉萨机场画了两幅山水大画。直到九十年代，进藏的人还能在机场看到，后来就不知所终了。这一年，自治区要召开首届运动会，为了展现新气象，也请我去画宣传画。我画了一幅三米高四米宽的大幅，两个运动员竞技的画面，用的油画技法。

除此之外，来到列麦后，我陆陆续续画了一些人物肖像。当时我在各处走访，遇到一些有特色的人物，比如开山的石匠，我都自告奋勇为他们写生。我想，暂时没事，也不能荒废时间、荒废手艺。在我眼里列麦到处有丰富的创作资源。自然风光奇崛，藏民热情开朗、形象鲜明，还有留有时代烙印的老农奴、社会主义建设的新气象尤其感人。

我在列麦创作的一幅《高原迎春》，算是较早表现藏民的作品。据介绍，自治区革命委员会发出“远学大寨，近学列麦”的号召后，党支部书记仁增旺杰立志“叫河水改道，让荒原献粮”，带领社员开垦荒地，试种青稞和油菜。为了灌溉，列麦人民攀上峭壁悬崖，用铁钎和土炸药，修出一条十七里长蜿蜒如带的盘山水渠。春来五月，盘山渠灌溉四野，青稞和油菜生机勃勃。我看后的确深受教育，画了一幅《高原迎春》，将修沙杰坝、建盘山渠的火热场景与绿色弥野、丰收在望的喜庆结合进画面。画上，劳动中的藏族姑娘手握锄头，满脸喜悦，身后的碧绿庄稼，春风中绵延无际，和雪山连接一体。

其实，我最想画的还是当过农奴的那些人，想画出新旧时代在他们表情上的痕迹，那种来自心灵和经历的外显。旧农奴的神情中有愁苦、退让、恭顺、麻木的烙印，把这种复杂深刻的情感刻画好，比较容易出彩，也最有特色。当时我心里还惦记自治区的十周年展，希望自己画的作品将来能用，如果任务布置晚了，有现成作品，不至于抓瞎。

援藏是政治任务，对相关活动要求严格，不允许我们私自接触藏民。所有工作必须通过组织，由领导和翻译来确定人选，推荐安排。后来隆子县政府安排了几个农奴，给我当模特儿。我问过其他画家，要不要一起画，没人响应。

于是，我一个人开始画。真是好模特，我这样想着，一阵心酸。农奴的神情木然，特别听话，一坐几个小时，能一动不动。他们有个共同特征，就是都不会笑。我画完，让他们看看，请翻译询问一下模特的过去经历，然后把翻译告诉我的内容直接写在画稿上。我请模特签字，很多人不认识字，更不会写字，就画上他们的符号。如今，这些画稿成为珍贵的历史和情感记忆。

我在西藏呆了六个多月，在1974年国庆节前回到上海。

上海援藏队，我最后一个返沪，其他人已经陆续先走了。我为什么能坚持到最后呢？我在西藏受教育，当时的确感到震撼，联想自己的童年经历，也有很强的翻身感，作为一名老党员，自己一向组织性纪律性强，服从安排，不随意放弃，何况是自己积极要求来的，就更不能随便撤退了。西藏的人文和环境具有的独特魅力，也激发了我的创作情绪，也想着多画几张好作品带回去。

因此，即便西藏革命展览馆没有派任务给上海，自治区成立十周年的展览也没我们什么事儿了，我仍坚持不主动提出提前回上海。有人开我玩笑，说我怕是要和林芝毛纺厂的工人一起撤回上海了，我也不说什么。

带回了一块麝香

在西藏待的时间长了，家里有点吃不消。我爱人到市文化局反映，家里实在困难，小孩子无人照顾，要求我能尽快回来。沈柔坚就让邱受成打电话和西藏方面沟通，商量让我回沪。

接到让我返沪的通知，我知道申请机票需要一段时间，一般至少需要两周，这里也没有特别的事情待处理，于是开始整理行装，准备回上海。我给民航的那位主任打电话，问什么时候有回上海的机票。大概帮助他们画过两张画，民航主任非常客气，说："明天就可以走。"事出突然，我简直不敢相信自己的耳朵。拉萨回内地的机票紧张，我有心理准备，听说有人提前半年都申请不到。没想到，轮到我时，连例行的两周等待时间都免了。

第二天，他还等在机场，亲自送我上了飞机。

他送我上飞机，自然是表示客气，同时也是让我身上的一件东西能顺利带出西藏，是麝香。当时上海作家协会工宣队有个王师傅，生了肝癌，病急乱投医，他通过我爱人转告，希望我能在藏区买点麝香，说麝香抗癌效果好。

藏药珍贵，麝香尤甚，自己从没想过买些回去的念头，也不知道哪里买得到。我对革命展览馆的薛馆长讲了这件事。他说不行，麝香管控非常严格，你买到了，也带不出去。后来我又找懂藏汉语的当地翻译，我们叫他"秀才"。秀才从藏民手中帮我买来一块，五十元钱，算很便宜的。1974年，我工资每月六十元。

麝香味浓，一股特殊的香味很难覆盖。我便将来龙去脉原原本本地告诉了民航主任。他知道是救命用的，很同情，就帮我包装好，亲自护送我上了飞机，直待飞机快起飞才离开。此外我没什么行李。入藏半年，随身就两件棉衣、相机和简单的换洗衣服。我坐着小飞机，带着麝香，到达成都，而后转坐火车，一天一夜回到上海。

回到上海后，我成为为数不多的有援藏经历的画家，去过西藏，见识过高原风光，接触过藏地文化。这段特殊经历无可替代，不少出版社找我约稿。上海人民美术出版社马上请我画一张年画，赶在当年的元旦前发行全国。我回忆列麦风光，想象公社丰收时的热烈喜庆，画了一幅《西藏高原喜丰收》。画这幅画，我构思起来游刃有余，得心应手，因为西藏之行，我积累了很多素材，印象深刻。

当时我已经有两个女儿，一家四口挤住在新昌路祥康里的一个后厢房中。虽然房子位于市中心，离单位又近，但实在太小，约十来平方米房子，画画放不开。后来搭建出一处高1.5米的阁楼画室。阁楼里放一只木箱和一只小凳子，妻女入睡后，我就爬上阁楼画画，借助一盏8支光的电灯，盘坐着通宵作画。年画《西藏高原喜丰收》，就是这样完成的。

还有个插曲。画这幅年画时，因为刚从西藏回来不久，身体尚未完全恢复，一个恍惚，竟然从阁楼上摔下来，撞得头破血流，去医院缝了十几针。后来改革开放，我因为画画有点钱，也因为吃过房子的苦头，就毫不犹豫购买了商品房，是上海美术界最早买房子的一批人。

那是在1985年，文化局系统拿出十套房，允许个人报名购买，我爱人因为在美术展览馆，机构分家后，才有购买资格。报名购房的人很多，组织上考虑到我们一家四口居住空间局促，同意我们购房，但要把老房子交掉，也可以解决另外一家困难户。说是买，其实仅能算半商品，单位出资三分之二，自己出资三分之一。相对以前的房屋分配，向市场化迈出了微小的一步。这样我们搬到了真如西村，那时叫文艺大院，是上海最早的一批商品房。

真如西村的房子约六十平方米，二房一厅，比起新昌路的小房子已有天壤之别。后来我又买过几次房，属于较早投资房产的人，甚至与龚继先、黄阿忠一起，在我二百多平方米的家里办过一次画展，在当时也是轰动之举，《文汇报》以“全国首个家庭美术展览厅”为题作了报道。

西藏回来之后，创作热情高涨，想把所见所闻所感尽快描绘出来。《说不尽的心里话》《学毛选》《西藏军民情》《送红宝书》等西藏题材作品，接二连三创作出版，但当时习惯的做法，一些作品并不署名，也没有稿费。

时光荏苒，我常常忆起援藏岁月。当年我正值奋发有为的年华，进藏是一种磨砺，也是一场痛苦与收获并存的回馈。在那里，我第一次看到了美丽的原始森林，皑皑雪山，清冽的高原泉水……如今去西藏轻松简便，天路开通，坐火车从上海能直达。不过人们再也见不到我当年所见的风光，一切是那么原始古朴、雄浑纯净，还有温暖的人心。援藏生活，提升了我的人生感悟和艺术素养。

1 | 2

3

图1　1972年春，胡振郎（中）与钱茂生（左）、项宪文（右）在上海虹口公园鲁迅墓前合影

图2　1973年4月初，胡振郎登上黄山天都峰顶写生

图3　1973年3月，胡振郎（左三）与同行画家在黄山茶林场烈士纪念碑前合影，左四为毛国伦、右一为项宪文

图1　1973年夏，胡振郎在上海中国画院与张迪平合作的《擦亮眼睛》，此画入选当年的全国国画连环画展

图2　1973年冬，胡振郎在上海中国画院创作的《永不松劲》

1 | 2
3

图1　1974年4月，胡振郎在西藏林芝河畔

图2　1974年4月，上海援藏美术小组全体成员在林芝某师部阳台上合影，由左至右为张连、戴家骅、戴永杰、魏景山、胡振郎

图3　1974年5月，胡振郎创作的速写《西藏高原列麦公社水电站建设场景一角》

1
2

图1　1974年夏，胡振郎（中）与高峰（左）等人在拉萨布达拉宫前广场上
图2　1974年8月，胡振郎为西藏自治区第一届体育运动会创作的油画宣传画

1
2 | 3

图1　1975年，举办自治区成立十周年纪念展览的西藏革命展览馆

图2　1974年胡振郎西藏题材写生作品《翻身农奴贡布次仁》

图3　1974年胡振郎西藏题材写生作品《翻身农奴苦主格桑》

图1　胡振郎西藏题材作品《说不尽的心里话》1974年以年画出版

图2　胡振郎西藏题材作品《西藏高原喜丰收》1974年以年画出版

第六章　精神家园

一、美协重建

美协副主席就有九位

1974年国庆前，我从拉萨回到上海，本以为自己由中国画院派出去，理所当然应该回到画院，没想到却被安排去了上海美术创作办公室，简称“美创办”。“美创办”原来叫上海美术作品展览会筹备组，负责全市美术创作的组织和展览，由上海市革命委员会将之更名。更名前，筹备组还组织了一个内部画展，展出林风眠、刘海粟、唐云、程十发等画家的一百八十多幅作品，同时召开批判“黑画”大会。

美创办是新成立的机构，市革命委员会很重视，调人进去，要他们同意。和我一起到美创办的，还有陈秋草等人，我们在黄陂北路226号办公，那里是上海美术展览馆的分馆。以前我和陈秋草是美协的同事，他做展览部主任，我在会员工作部。现在美协没了，美创办是临时机构，成员东拉一个，西扯一个，调我过去，因为知道我熟悉上海画界情况，对举办展览有经验。

不久，市总工会的吴林生被派来美创办做主任，上海人美社的陈强当副主任。两个领导都不错，也懂业务。美创办成立后马上开始工作，实际是代行美协的职能，组织美术作品、筹划展览、辅导工人业余创作，都是以前美协的事儿，也都是我轻车熟路的活儿。

除了两位主任，美创办的工作人员很多是以前美协的人。此时，工宣队也没了声音，不再当道执政。大家以前在美协做啥，现在还做啥，彼此都认识，抬头就能看到昔日同事，只是换了个单位名称。

1975年又在混乱中渡过去了，其间美创办也搞了几次展览，引不起大家兴趣，应付而已。我常常有一种错觉，以为回到了“文革”前的美协。其实到“文革”后期，人们的心态已经发生了巨大变化，绝大部分人由最初的狂热，到迷茫，逐渐回归正常，渴望正常。时间久了，哪怕最初被蒙蔽的人都感觉出来，太多行为不符合正常逻辑。社会并没有因各种革命手段而清明，反而越加混乱不堪。

1976年10月，粉碎“四人帮”，“文革”结束，全国一片欢腾。11月工宣队撤走，大家知道一切将正常起来，回复到社会运转的正常轨道中。

我们在美创办工作，朝九晚五，看似平静，其实内心知道，“文革”后的大调整已经开始，马上就会轮到美术系统，大家都在等待，等待北京，要看中国美协怎么办，我们的名头是中国美术家协会上海分会。当时不止美术领域，各界都在看北京，看中央的态势和风向。

1978年5月，上海美术创作办公室撤销，吴林生、陈强调走，美术家协会开始恢复活动。美创办撤销到美协改选期间，吕蒙和蔡振华回来主持工作，上级宣布他们是召集人。实际上已经是美协的组织机构和工作方式，只是缺少一个正式的程序。

1980年8月27日，中国美术家协会上海分会第三次会员大会在上海文艺会堂开幕，距上一次会员大会，已经整整过去了十八个年头。唐云主持会议，他是第二届常务理事。沈柔坚作工作报告，蔡振华作会务报告。台上台下，都是熟悉的面孔。重要的是，会上选举产生了第三届理事会，我也入选其中。一团散沙的美协重新汇聚起来。

我至今还保留着当时投票的统计单。大家推举林风眠先生为主席，林先生早在1977年已经去往香港，并没有回来参会，但与会者还是将票投给了他。副主席沈柔坚、王个簃、张乐平、颜文樑、刘海粟、唐云、关良、谢稚柳、吕蒙。蔡振华任秘书长，陈秋草、张充仁任副秘书长。

这一届美协副主席就有九位，人数之多史无前例。比起美协的名家济济、人丁兴旺，书法家协会的力量稍显单薄。“文革”刚结束，百废待兴，各界都需要振兴和充实。当时，组织上考虑过将谢稚柳安排到书法家协会当主席，认为不失为一种好选择，而且谢先生书法好，懂鉴定，地位也高，适合这个位置。后来，不知为啥，谢先生还是留在了美协。

谢先生在美协，我便有很多接触的机会。外界传闻谢先生恃才傲物，不好打交道。我接触几次下来，发现并非如此。他只是对不喜欢、不投缘的人比较轻慢。

金山农民画

蔡振华在会上作了报告，他提到："金山农民画是上海群众美术的一枝鲜花。"鉴于金山农民画深受外宾欢迎，经文化局及市外事办公室同意，开始向外宾出售农民画，这样一来不仅国内名声鹊起，还一举走上了国际舞台并大放异彩。

金山农民画确是在"文革"期间发展起来，也与美协辅导群众美术创作有关。干什么事都靠人，说到金山农民画，就要提到吴彤章。七十年代初，吴彤章从虹口海军东海舰队复员，回到金山县枫泾镇，在文化馆作美术辅导员，负责群众美术工作，因此与美协有工作往来，刚好和我对口。他本人也善画，是美协国画组成员，我是副组长。各种因缘，加上接触频繁，一来二去我们熟悉起来。他在枫泾时，发现农民陈富林等人很爱画画，也能画几笔，就把他们组织起来，一起创作。并不时将相关情况与我沟通。

起初的农民画创作很简单，完全是自发形式，线条简约，色彩单一。后来，吴彤章来上海美协说了这个情况。美协重视起来，发现已经小有规模，形成了四五个人的创作小团队。我第一次见到陈富林时，也觉得他有能力、有潜力，于是与吴彤章一起辅导他。之后，我回来汇报。支部书记张云聘、理论部主任吴景泽都觉得是好事，应该支持。

上海每年有一次群众美术作品展，群众艺术馆本来就是抓群众美术活动的。有一年的展览，群艺馆和美协合作，重点推出金山农民画，金山农民画评上了奖，影响力大增，开始登上大雅之堂。

其实“文革”期间，农民画已经火热起来，县文化馆办了辅导班，群众艺术馆来管理，辅导农民画的专家都是美协的会员。群艺馆管群众，美协管专家，是“文革”前的分工，一直惯性延续下来。农民画从业余发展到专业水平，有赖美协打下的基础，尽管后来美协没了，但它在农民和画家间架起桥梁，作用始终在。

1974年秋天，我到美创办后，其中一项工作就是继续支持金山农民画。我和施选青、朱国荣三个人一起到金山，将金山农民画的情况整理成文，在《美术》等报刊上宣传，进一步扩大影响力。再之后农民画送去北京展览，在中国美术馆，引起了华君武的关注，这才有机会去布鲁塞尔展出，走上国际舞台。

说到施选青和朱国荣，他们是我在美协工作期间的搭档。1977年下半年，两人调来协助我工作。

我与施选青早就认识。1973年，我在黄山茶林场四队采风，施选青是女知青，在五队。后来美协恢复，积压了很多工作，需要人手。工宣队的负责人说：“文化局回来一个知青，叫施选青，能写能说，各方面都不错。好几个单位都想要她。如果美协需要，可以优先考虑。”施选青就是这样到了美协。

朱国荣是黑龙江知青，回城后在上海师范学院美术系读书，老师黄若舟先生，是美术系主任，老教授。毕业分配时，黄教授向蔡振华推荐他，朱国荣便到美协工作。

施选青和朱国荣到美协后，入职理论部，我也在理论部工作。我们三个一起，我是老美协，熟悉美术界情况。1982年，上海人民美术出版社出版《中国绘画故事》，是“文革”后该社出版的第一本书，就是我们三个人的合作作品。当时，人美社的主编是胡海超。人美社恢复职能，策划出版第一本书，他向我约稿。我带着施选青和朱国荣，一起完成创作，作者落三个人的名字。他们俩刚参加工作不久，就有成果问世，非常高兴。

施选青下乡耽搁了学业，回城后很多地方都需要学历，她就想读个夜大学，拿大专文凭。当时轻工业专科学校办了美术夜大学，她比对下来，认为适合自己，但和报名资格有差距。她和我交流想法。我就给她画了张山水画，让她拿着去报名。还要相关证明，美协不好开，她也不太想麻烦单位。我就从黄浦画院给她开了证明，她去报名很顺利。

后来拿到文凭，施选青很高兴。其实她能力很强，都怪“文革”耽误了，否则根本不需要这种方式。拿到文凭后，施选青一如既往地认真工作。在美协，大家对她的评价一直很好。朱国荣为人忠厚，会画画，擅长写作，出版过几本书。组织上想发展他入党，派我做他的联络人，他入党时，我是他的介绍人。

搬回延安西路238号

前已叙述，自美协被封，我们就已不在延安西路238号办公，工作人员逐渐分散到各个机构，大部分转移至南京西路的上海美术展览馆办公。展览馆原来是美协的下级单位，归美协展览部管属。“文革”前美协基本就这两部分，机关在延安西路，展览在南京西路。

“文革”结束后，百废待兴，名正才能言顺，首先开始恢复各个机构名称，包括设置、职能、办公场所。美协划归文联管理，美术展览馆的上级机构是文化局，文联和文化局属于平级单位。因此，美协和展览馆就要分家。全市的展览场馆都划归到了文化局，算是一种同类资源的整合。幸好，这次调整并非不顾实情的机械分割，考虑到美协的展览职能，应该有自己的展览场地，上级在黄陵北路美术馆边上选择了一块场地给美协。

归还了展览馆，美协搬回延安西路238号，但延安西路也不再是“文革”前的面貌。之前只有美术家协会、音乐家协会、摄影家协会等四家单位，美协一枝独大，占据一半办公场地。“文革”后，文联机构发展，新增了很多单位，有将近十个，都集中在大院办公。美协的办公面积受到挤压，

"文革"前腾出来的地方，还回来不到一半，幸好黄陂北路还有一处展览空间，可用于调剂。

八十年代，沈柔坚从文化局退休，重回美协，担任副主席兼党组书记，他和吕蒙就在黄陂北路办公，展览部也在黄陂北路。我们偶有活动也去那里，遇到开会或者学习，就两边动。黄陂北路226号二楼，后来改造为上海美术家画廊，五百平方米，成为美协举办美术展览和美术学术交流的场所。

美协的重建不止一次会议、一套人马、一幢房子，还有很多具体工作，零零碎碎，七七八八，是个逐渐恢复的过程，毕竟伤了元气。我心里一直怀念刚毕业来上海时，初入美协的光景。青春年少，意气风发，每天有干不完的活，用不完的精力和能量。"文革"十年，我老了十岁，创作旺盛的最佳时光，随风一般流逝，期间我以画人物为主到改画山水，不知不觉完成了这个转型。

二、张大壮送画

年刊、进修班和函授班

1981年，沈柔坚和杨可扬找我谈话，说上海要办美术年刊，说了一通办刊的意义，大意是上海只有《美术通讯》，体现不出上海美术创作成果。最后说让我来负责年刊，要我以后所有美术活动都要参与，所有展览都要去看，多往基层、农村、工厂去跑跑，搜集更多资讯……后来我就编辑美术年刊。

美协创刊的《上海美术年刊》，由上海人民美术出版社出版，16K，每辑记录一年来上海美术活动方面的大事，包括美术作者当年出版的著作、译文、画册、图集和有关美术文章的目录索引，选载展览会展出的绘画和雕塑作品。办年刊，我牵头，施选青、朱国荣也参与编辑。可惜年刊后来没有延续下去，从1981年至1984年共出版了四期。现在翻看，发现具有很强的美术史价值，沪上美术大事，里面记录详尽，留史存证，很有必要。

和年刊并行的是美术进修班。“文革”十年，耽误了大批人才，高考恢复后，一些人可以通过升学重新找到自己的位置。但高考的吸纳能力有限，即所谓“千军万马过独木桥”，更多的人没有机会。那些对美术有爱好，有能力的人，分散在社会上，都渴望有进修机会，能得到专业人士的指点，进而提高美术专业水平。

1983年，美协开办了“中国美术家协会上海分会国画创作进修班”，地点就在凤阳路一所小学里，按计划开设人物画、山水画、花鸟画三个画种，从师资和场地考虑，准备招生一百五十人。

结果出乎意料，第一期就招了两百多人。这种进修班，“文革”前没有，“文革”时更不可能有，现在有了，一时声名大噪，报名者络绎不绝。最多时山水画同时开设三个班，花鸟和人物各开两个班。

进修班的场地是租借的，老师是聘请的，人物画老师有张桂铭、梁洪涛等人。我是总负责，兼教山水画。后来，班开多了，师资不够。又聘请华东师大教师苏春生和黄浦区少年宫美术辅导老师罗步臻来教山水，金正惠、钱行健、应鹤光教花鸟。

沈柔坚很支持这项工作。开学时，他来讲过话。1984年、1985年又办了两年，三年学员达五百多人次。当年的进修班，为“文革”后的上海业余美术界，培养了一批人才，后来有的人就此走上专业之路。现任美协的常务理事里，就有进修班培养出来的。

进修班影响大，后来我们这些老师到外面去，经常会遇到当年教过的学生。甚至我没直接教过的，也会因为使用过我的一本教材而认识我。那本教材收录有十六张画，请朱屺瞻先生题名，自费出版。

与此同时，美协还参与美术函授班的教学和辅导，与新民晚报读者服务公司联合举办。

当时，新民晚报发行量高达一二百万份，真是“飞入寻常百姓家”，影响很大。因为是函授，信函来往，不受时空制约，学员的年龄从弱冠到耄耋，地域从南国到北疆，铺天盖地。后来一统计，有三千六百三十五名之多，几乎覆盖了所有省份，包括西藏、新疆、黑龙江、云南等边疆地区。全国都知道上海有个高质量的美术函授班。

函授就是信件来往，我们收信，批改，回信，来来回回，信件堆积有一房间之多。为此，美协的力量已经不足，经常拉人帮忙。还请了张乐平、朱屺瞻、方增先、应野平、顾炳鑫、哈定和廖炯模等人来做艺术顾问。

美术函授班设有素描班、漫画班、国画班，国画班又分山水、花鸟、人物，还有水彩、水粉、油画等班。为期一年的教学中，每位学员共收到十万多字的讲义。成绩合格者都拿到了结业证书。

西北纪行

1979年初春，由中国画院组织了一次规模较大的写生活动。

当时画院刚刚恢复，画家都兴高采烈，唐云、朱屺瞻、应野平、沈迈士、郑慕康、郁文华、吴玉梅、叶露渊等，包括我和陈秋草，因为在画院呆过，也属受邀之列。一共去了三十多人。

先到苏州，再到甪直，还去了东山和西山。我印象深刻的是邓尉山的梅花，“邓尉梅花甲天下，望中无地不栽梅”，方圆近十里植梅数十万株，有“香雪海”之称，的确很美。那次出行没有任何创作任务，大家很轻松，难得的一次写生活动。回来后不久，政策变动，画家们又开始有稿费了，物质生活逐渐得到改善。这次写生是一个标志，标志画院的创作工作开始重回正轨，每个人都感受到了“文革”结束后的新气象。

美协开始组织采风写生是在三年后，1980年10月，秋高气爽，碧空湛蓝，美协组织了恢复以来的第一次写生活动。各个画种都有画家参加，国画组有我、张迪平、邱陶峰，油画组张隆基，漫画组徐克仁，年画组陈菊仙，雕塑组吴镜初，版画组范一辛、张楚良，等等。

这次去的地方很多，我们称为“西北行”。

先到西安，大家想去看的地方，都是一致的。陕西省历史博物馆、大雁塔、小雁塔、秦陵、茂陵、华清池、半坡遗址、碑林……，看不完的建筑、壁画、雕塑和书法。在碑林，我看到一件事，颇有印象。碑林里集中着汉、魏、隋唐、宋、元、明、清的两千多件碑刻珍品，巨大的历史和艺术价值，让人心悦诚服，赞叹不已。当时和我们同在庭院中欣赏的，还有来自日本的艺术家们，他们崇拜中华文化，一些人恭敬地伏倒碑前，顶礼膜拜，口中念念有词。我听翻译转述，有个日本人说自己学了一辈子书法，今天总算找到了祖宗。

就自己来说，开始练习书法是从柳公权的《玄秘塔碑帖》入门的，后又习过王羲之的《圣教序》，这次能看到原碑文，感到非常亲切。并在碑前拍照留念。

之后我们去延安，坐小飞机，三十六座。当时很多人还是第一次坐飞机，即使小飞机也很激动、很新鲜。

和西安的古老历史相比，延安到处是革命胜迹。我们参观了中共七大会址、枣园、杨家岭、王家坪、宝塔山，看延河、逛老街。去延安前，大家有心理准备，觉得生活会比较艰苦。到了之后，发现实际情况并非如此。人们身上的新衣服和脸上的笑容，热闹的街市，物资供应丰富，物价便宜，苹果两毛钱一斤，土豆八分钱、卷心菜六分钱，鸡蛋一元钱八个……这是我的见闻。八十年代初，延安生活早已不再是周总理回去时的情景，面貌发生极大改观。

延安呆了三四天，我们乘汽车返程。车在黄土高原上开过，翻山越岭，时隐时现，有点像西部电影的情景。同是高原，这里景色苍茫，视野广袤、沟壑纵横，与青藏高原截然不同，两者各显其美。

回到西安，见到了贺天健的学生苗重安，上海支援西部，他调来西安工作。邱陶峰也是贺天健的学生，他们是师兄弟，苗与我们也熟，所以大家见面很高兴。他介绍了西安美术界的一些情况。

之后，大家分别去往不同方向。张楚良去重庆；我和范一辛、邱陶峰、徐克仁四人去华山；吴镜初和张迪平去洛阳。后来邱陶峰下华山后，和我们分手，也赶去洛阳与其他两个人会合。华山背靠茫茫苍苍的秦岭，面临滚滚的黄河，海拔2 200米，气势极为壮观，我们饱览了华山绝顶的绮丽风光。我爱人的姐姐在潼关，我下华山后去探亲，之后回到上海。

返沪途中，顺道去山西芮城的永乐宫(又名大纯阳万寿宫)欣赏元代壁画，它不仅是我国宗教绘画史上的重要杰作，在世界绘画史上也是罕见的巨制。

我对永乐宫壁画已经神往许久，以前看前辈的各种临摹，觉得画面飘然若仙境，真是妙笔生花，美不胜收。而且，我有亲切之感，大学上临摹课，我们曾经临过永乐宫壁画。待亲眼看见真迹，果不其然，美仑美奂。我在壁画前站了很久，感觉真是栩栩如生，单是人物表情，就气象万千，有的倾听、有的顾盼、有的深思，有的沉静，有的喜悦，有的哀伤……引人遐思。这一趟芮城县来得真值，一直到现在都有印象。

回到上海后，其他同志也陆续回来，大家都有收获。美协恢复后组织的第一次采风活动很成功。

回来后要写报告，写生团队中有美协的、画院的、油雕院的、人美社的、报社的，覆盖面很广，体会的角度也不同，最后汇总成一份总的报告。我后来还写了一篇《西北行》。这次出行象征美协工作恢复，开始抓创作了。

“西北行”之后，我和梁洪涛又去了雁荡山。

我们从温州过去。雁荡号称海上名山，以夜月和瀑布著名。记得潘天寿画过小龙湫，意象优美，所以特别期待。但我们看到的雁荡山显得荒凉，小龙湫和潘的画面差异较大。我们到雁荡，正逢枯季，水量小，山一下子就失去了润泽和灵气。除了观感，触觉也不对，没有水汽飘盈，人和景少了空中的链接，隔膜了。

接着去看大龙湫，我以为大小龙湫，应该距离不远，没想到要翻山越岭。我们步行，随身背着行李，还有画具，烈日当头，不胜艰辛。路上饿了，在农民家吃饭，吃一种当地的粉面，味道还不错。

从大龙湫回来，住进了一家“高级”招待所，那时候哪有什么五星级宾馆。规划回程的路径，想起不妨去舟山看看，舟山离雁荡不远。大学五年级，全班去舟山毕业创作，我回了金华，错过机会，现在正是弥补的时机。此时我已开始画山水，我们在那里画了不少写生作品，回来后陆续发表，一些作品还被我收进自己的画册。

张大壮送画

八十年代末，电视开始逐渐普及。电视是新式家电，宣传作用很大，市民据此了解信息，丰富娱乐生活。那段时间，我们拍摄了反映上海画家生活和艺术创作的电视片，公开在电视台播出，这在全国也是首创。如今看来，更觉得有很高的历史和艺术价值。

点子是龚学平想出来的，他喜欢书画，爱人张雷平也是著名画家。有了这层关系，经常与他见面。因为在上海电视台工作的缘故，龚学平想借助电视媒体弘扬上海文化，把海派画家宣传出去。我一听觉得这个想法很新颖，自然很赞同。

龚学平首先提名沈柔坚，知道我与沈关系密切，让我写沈柔坚的脚本。电视台也安排了具体的人员进行拍摄工作。

拍摄中涉及一段沈柔坚的苏州经历，创作团队便到苏州取景。离开上海到了江苏境内，要用全国粮票，没想到大家兴冲冲到那里，都没带全国粮票，幸好我带了，拿出来一起分享。回来不久，粮票就废除了。那是我有关粮票的最后记忆。我们在苏州拍完，回到上海补拍沈柔坚创作和工作的画面。第一个画家拍摄成功后，我们准备按照套路往下拍。

接着拍张大壮先生。张大壮是章太炎先生的外甥，现代四大花鸟画家之一。张先生是杭州人，1903年生人，没有子女。年轻时在上海商务印书馆当美工，大收藏家庞济元看见他忠厚老实，又喜欢画画，邀他为“虚斋”整理书画，张得以饱览上至宋元、下迄明清的无数名家真迹。因此张大壮不仅早先学画时的根基非常坚实，同时也精于鉴赏。

从风格看，他的花鸟画宗法恽南田、华新罗等，但又能脱胎而自成一家，据说他经常去菜场观察体验，因此总是显得秀雅清俊，而又清新明丽，我是很喜欢的。

那次我们登门去他家，他正生病，老爱人也身体欠佳，家里氛围颇为凄凉。约二十平方米的房间，很简单，两张床齐头排列，夫妻俩各睡一张，中间拉根铅丝，用于互相传递东西，用手一拉，东西就滑过去了。他们手边还有个杆子，有什么情况可以敲敲警醒。床后面有个门，大概通向卫生间。

那次，龚学平、电视台负责拍摄的祁鸣和我三个人同去。张先生看见我们来，很高兴，但因身体虚弱，说：“我现在身体不好，等过了年，春暖花开的时候再拍。”

我们看到这个情况，说没关系，过段时间再来，安慰他一番后告辞。

临走时，张先生挣扎着从床上下来，对祁鸣说：“柜子上面有张小画，你帮我拿下来。”祁鸣个子高，打开上面的柜子，取出一张画，是一幅册页。此时，他已经封笔很久，这张画估计也是以前留存的。桌上只有一方砚台，老先生添水磨墨，拿出一支笔，在画上补题“振郎同志留念”，我看着他不停颤抖的手，感觉非常难过。

题完字，张先生解释说：“振郎同志对我们这些老画家很好，为我们做了很多事，从未提过要画，我只有这一张画了，给他留个纪念！”在场的人听了都很感动。

这是我第三次去张家。之前他患病的时候，我去看望过他。他懂中医，准备煎的药材，他都用嘴咬一下，说：“现在假的多，我咬一下就知道真假。”我因为小时候跟随郎中出诊，对中医中药也有一点了解，看见张先生的举动也很佩服。

过了年，脚本写到一半，传来张大壮先生病逝的消息。我很悲痛。我常想起他说的“春暖花开时再拍”的话，可是春暖花开了，张先生却走了。其实他没多少年岁，过世时七十七岁，我记得他的两个耳朵很大。据说耳朵大的人长寿，怎么在他身上不灵呢？

张大壮过世后，我在北京的《中国画》月刊上，发表了一篇怀念他的文章，整整两个版面，是我真情的流露。迄今我还经常想起他。

三、创办黄浦画院

差点丢了画

1980年，第一个日本美术代表团来访上海，住在静安寺附近的上海宾馆，离美协很近。

代表团由京都昭和画会组织，会长叫西尾草峰。这是日本很著名的一个画会。当时刚改革开放不久，我们很谨慎，日本人本来就拘谨，双方都放不开，见面、交流，有礼有节。这是我对日本美术界的最初印象。

之后几年，中日美术交流进入蜜月期，联系愈加紧密，双方互有来往，但主要是他们来访。日本一家全国性画会——墨青画会就是其一，会长是油画家三水公平，副会长杉谷隆志，是个中国通、绘画理论家、教育家，后来专攻水墨画。

1982年，为接待他们来访，美协安排在虹口公园举办交流会。这个地点选得有趣。1932年虹口公园爆炸案，朝鲜人尹奉吉向主席台投掷炸弹，炸死了日军司令白川等人，震撼东亚近代史。现有一座梅园，即系纪念尹奉吉义举有关。美协将交流会安排在虹口公园，我首先想到了这点，转念想起鲁迅先生墓也在虹口公园。鲁迅早年留学日本，在日本有很大的影响。以前虹口一带是日本侨民聚居的地方，著名的内山书店不也坐落在那里。看来虹口是个中日渊源较深的地方。

这次交流由蔡振华和我担任主持，上海很多知名画家都来参加。交流会上，双方都安排了现场表演，日本人画，我们也画。我代表美协画了一幅画，送给懂水墨的杉谷隆志。第二天，日方人员全体来看乔木、戴明德和我的三人画展。其中一位日本朋友看中了我的一幅展画，很喜欢，拉住我要买。此后我们成为好朋友，友谊延续至今。

与墨青画会的交流很融洽，又有利于民间文化传播，后来变成了长效的交流机制，我成为具体的联系经办人。每次展览，都有林风眠、谢稚柳、程十发、应野平、陆俨少的佳作，极得日本人的欣赏。

有一次筹备展览，记得那是一个6月底，天已经大热起来，我辗转一天，到各位参展画家家里取画，得二十余幅，收获颇丰，但在外奔波一天却疲累至极。

我捧着一大捆画，乘坐公共汽车回家，这时我已搬家，住到了真如西村的文艺大院。

上车后，我特意捡了个靠边的座位，坐在司机的副驾驶位子上，当年还是人工售票，没有投币装置，乘客都从中门上车。正值午后，一车人都昏昏欲睡。我跑路太累，车子摇摇晃晃，不知不觉也睡了过去。十几幅用报纸包裹，卷成一捆，隔天要送去装裱的上海大书画家的作品，就竖在我座位靠窗一侧。

车到站，我还没有完全清醒，懵懵懂懂地下了车，习惯性往家走。刚进家门，猛然想起今天的工作，自然就想到了那卷画，立时惊出一身冷汗，脑子像挨了电光击打，瞬间清醒，顾不得和家人解释，拔腿往外跑。等我跑到车站，哪里还有公交车的影子。我心急如焚，片刻不歇，拦下一辆出租车，交代司机沿公交路线急急追去。当年，打车还是个奢侈的事情，要不是急事，我很少打车，打车贵。

出租车从真如拐到武宁路，认出自己乘坐的那辆公交车就在眼前。司机掉头转到大渡河路，我向公交车师傅招手，示意有紧要事情。之后顺利登上公交车，一眼看到东西还在，才如释重负，松了一口气。要是找不到这些画，那后果真不堪设想。

发生这件事后，我工作越加仔细，生怕出现差池，后来直到退休，再没有出过类似问题。我后来想，每个人都要经历三四十年的职场岁月，总会遇到各种各样的问题，很多无法预料到的事，其中不乏困难和坎坷，甚至失败或挫折。这就到了检验智慧的时刻，智者总能从挫折中找到新的支点，继续前进，更上层楼。我差点丢失画稿，虽有惊无险，总难逃疏忽之咎。但我自此加倍认真，处处谨慎，又谁知是否在冥冥中避免了更大的祸患呢！随着年岁增长，我越来越体会到，人生的历练就在日常当中，须珍视生活的回馈和警示。

创办黄浦画院

接待了几个日本访问团后，我也终于有机会走出国门。

1986年7月1日，美协组团第一次前往日本。沈柔坚带队，加上我和办公室主任陈鸿志，三个人。当时没想到，这次日本之旅，对我后半生的绘画生涯，以及退休后的生活，会有这么大的影响。

其时，日本已是经济发达体，在世界经济榜单上名列前茅。中国经济刚刚起步，还捉襟见肘，我的第一次出国经历，很有代表性地说明了早期中国公务出访的境况。

上海还算经济条件好的省市，市外事办批给我们每人二百五十元人民币，作为出访经费，这相当于我几个月的工资，在国内是不菲的一笔，换成日元约一万元，根本不够用。日方知道我们的经济状况，刚到宾馆，就给每个人量了身高尺寸，之后送给每人一套西装。我们在日本的公务活动，就穿这套西装，现在想来还觉丢人。

这次访日，行程都在关西。我们从大阪入境，去了京都、奈良，最后从名古屋坐飞机回到上海。东京没去，友好城市横滨也没去。在京都美术馆，有幸观赏了“法国近代美术名作展”，展品全部来自广岛博物馆。那时日本经济高速发展，财大气粗，一个不大的广岛博物馆，居然收藏了如此众多的法国名家之作，令人感慨。沈柔坚也连称“意外的收获”。

当时是第一次出国，处处留心，但还是出了洋相。我们住在京都东急宾馆，晚上将近11点了，我正准备洗澡，沈柔坚来谈事情，开门出门，却不料门自动关上了。可是我还穿着短裤汗衫呢，又不会讲日语，好在沈打了一个电话给数百公里外的友人，再由友人告知宾馆服务厅，解了我们的窘境。

不过访问回来，感触很深，一是感觉干净，马路、街区干干净净，没有纸片垃圾，吸烟的人自觉在室外，甚至把烟灰弹在自带的小袋里；二是注意保护历史建筑，我们去古都京都、奈良，历史悠久的寺院比比皆是，因为保存得当，在依然使用；三是政府重视文化，有总理大臣赏奖、文部相赏奖等等，国民热衷参加大大小小的文化活动，很多社团、企业自发自愿扶持赞助，个人文化修养普遍较高。

当时国内对传统文化重视还不够，与日本对比愈显强烈。当然，日本也有很多不好，但要进步，总要看到人家的好处。见贤思齐，知不足而后进。我就想到，如果上海也有一家民间画会，以此弥补政府画院鞭长莫及的缺陷，海派艺术空间将会更大，对书画艺术的发展会是好事。

因此从日本回来后，即开始筹备成立上海黄浦画院。作为上海首家民办画院，黄浦画院成立的过程，既顺利，也复杂。回首成立经过，不啻为改革开放以后上海文化发展的历程，留下一份值得回忆的记载。

创办民间画院，与美协之间，与上海中国画院之间，与文化局、宣传部、政府的审批部门之间，得协调方方面面的关系，不厌其烦。

首先是美协。当时我是美协的正式在编干部，身兼多重工作，有公职在身。要办画院，必须美协同意。即便美协同意，可以预料，像“吃美协的饭，干私家的活”这种风言风语、冷嘲热讽一定少不了。此外，上海已经有个中国画院，是唯一的官方权威机构，我再另立山头，有冲击中国画院之嫌，别人会以为我自以为是、自命不凡。

一番考虑后，决定先去找程十发先生，他时任上海中国画院院长，在上海美术界威望最高。我在画院工作期间，和程先生同一间办公室，彼此熟悉。但熟悉是一回事，另办画院又是一回事，创办黄浦画院的事，吃不准他的看法。我硬着头皮去向程先生汇报，哪知程先生听完，毫不犹豫地表态：“中国画院现在死气沉沉，多几家好，有竞争，才有活力。你办起来，我介绍人参加,我家人都参加。”

大喜过望之下,我乘机请他担任名誉院长,问他有什么要求。程先生说:“振郎,我什么都不要,这个名誉院长我愿意做。”

事隔多年,忆起当时,程先生的担当和爱意令人感佩。正是程先生的表态,做名誉院长,不但中国画院没有提出反对,还带动一大批画家加入黄浦画院。在创办之初经费拮据时,他慷慨捐赠一万元供我们周转使用。

接着,我去市委宣传部副部长丁锡满家,请他支持。他当场写了一封亲笔信,同意办黄浦画院。再去找市政府新闻处处长敬元勋,他也同意,还愿意做顾问。警备区司令任永贵少将,爱画画,收藏了很多书画。我和他谈起想成立民间画院的事,他很高兴,也答应来做顾问。后来警备区的参谋长顾今生也做了顾问。市文化局社美处孙学铭处长支持我的想法,也担任顾问。我一圈走下来,事情出乎意料的顺利。当年大家的心态都比较开放,也敢于承担责任,做事爽快。

文化部来了调查组

美协既是主管部门,也是我的工作单位。美协的态度如何至关重要。我先找了吕蒙,他是老资格的领导,担任过美协秘书长,在美术界有威望,但我们有同乡之谊,也比较熟悉。其时他已中风,且日渐严重,出行靠轮椅。他听了我的汇报,马上表示支持,也愿意做顾问。

当时徐昌酩已接替蔡振华担任秘书长。我到他的办公室,对他说:“这次从日本回来,受到很多启发。邓小平同志说要解放思想,要开放,我们也要开放一下,给画家们更多机会,我想创办个民间画院……”

徐昌酩听了我的想法,谨慎地说:“这要和沈柔坚商量,你是美协的人啊。”

“正因为我是美协的人,才想到这个主意,美协不是要多渠道发展美术事业吗?现在不要美协费心,一不出钱,二不影响工作,有何不好?请你支持。”

“中国画院什么态度？会不会有意见？”徐昌酩顾虑重重。

我马上回答：“程先生家我已经去过了，他很支持。程先生还会担任名誉院长。”

听了我的话，徐昌酩说：“我考虑考虑。”

民办画院是个新鲜事物，有很多未知数，作为领导当然考虑要多一些。

此时，我再去找沈柔坚，我说：“老沈，我们要成立画院，请你支持，做个顾问。吕蒙、程十发都说好了。”

沈柔坚和我刚从日本回来，他也观察到日本民间画会的风生水起，颇为赞许，当然会支持我的想法。

后来，徐昌酩还特意找过我一次，过问具体细节。他问：“你这个社团成立在什么地方？”

我说：“由黄浦区文化局出面，出场地，他们非常支持。”

这件事就这么定了。由于黄浦区一应操办，名称也是叫的黄浦画院。区文化局陆元德局长、顾忠慈副局长，帮了很大的忙。我担任黄浦画院的法人、院长，秘书长王家骅。

1986年9月13日，距我访日回来两个月不到，上海市黄浦画院就正式成立了。成立大会来了三四十位书画家，除了聘请的顾问，吴青霞、曹简楼、乔木、林曦明、张桂铭等画家，胡问遂、赵冷月、任政、张森等书法家都到场了。

黄浦画院是改革开放后全国第一家民办画院，在全国美术界引起轰动。后来中央文化部派来一个调查组，专门调研上海怎么又出现了一个画院。那时计划经济时代，即使在企业系统，民办的还不多，更不要说画院这样的文化机构。我们以“知名带无名”、“民办公助”、“自筹自支”为方针，设立了创作奖励基金会、青年山水画研究会、青年花鸟画研究会等，在国画、油画、版画、书法篆刻、工艺美术等多方面，都培养了大量人才，创作了许多优秀作品，当然也利用这个平台举办了多场展览。

1996年，黄浦画院成立十周年，我们在上海展览馆西厅举办大型展览。这是在上海展览馆举办的第一个民间画院展览，经费靠集资，约20万元，开幕式上来宾就有七百多人，包括四十多位外宾。展览结束后，同时以中文和日文出版大型画册、手册。

这次画展，画院给予很多画家润笔费，当时这算是新鲜事，不少画家都是第一次拿到报酬，感觉很开心，劳动的成果得到肯定。在上海美术界，我是较早迈出市场化步子的画家。我常说，市场是衡量价值的最公平尺度，一个画家是否有真本事，是否受欢迎，让市场来评估。市场化也是黄浦画院运作的基础，黄浦画院开过画廊，也办过"逸园酒家"。

三十多年来，先后加入黄浦画院的画师和创作员近两百人，近一半是中国美术家协会会员或上海美术家协会会员。黄浦画院在国内外举办各种展览超百次，出版画册四十余集，经画院无偿培训的学员多达千人次。同时，黄浦画院在日本、泰国、新加坡等国先后举办多场书画交流，尤其与日本往来最为频繁密切，和多家日本民间社团建立起定期艺术交流惯例。

此外，黄浦画院还热心公益，向社会捐赠公益书画作品，组织画师深入生活，参加市、区、街道的文化文艺活动。

由于独特的创立背景和运作机制，加上多年的社会影响，中国美术馆编撰出版大型《中国美术年鉴（1949—1989）》，以及《上海美术志》等大型志书，都特别记载了上海市黄浦画院。

三十多年来，上海市黄浦画院举办的活动实在太多，我只能简述这些。我对它付出了大量心血，像对待自己的儿女一样，期盼它成长、发展、壮大，不要半途夭折。

四、在日本大获成功

转型山水获得成功

关于从人物画转型山水画，前面已有述及：大学分科的时候，我就属意山水，后来听从系里决定，要我学人物画。却也因此得福，被分配到上海美协工作，还担任了国画组副组长，假如我不是作为人物画家，估计来不了上海；1974年援藏，雪域高原，得见大美，原始森林的壮阔，珠穆朗玛的雄奇，更加坚定我画山水的决心。此外，还有工作原因。

恢复美协后，我白天忙于工作，创作都在晚上完成。人物画通常采用工笔，需要细致描绘，极为耗费时间和精力。我却因为工作挤占，很少有大量完整的时间，有时一幅画的创作，要被隔断好几次。再有，我曾因在昏暗的灯光下画一幅年画，而把眼睛弄坏了，一直没有恢复正常，三十多岁就戴上了老花眼镜。山水画和人物画不同，发挥空间更大，可以写意。考虑清楚之后，我更加觉得转型画山水刻不容缓。

画山水，要学习，我在心里将熟悉的画家梳理一遍，深觉每个大师各有千秋，都画得好。吴湖帆、贺天健继承传统，画艺精湛；应野平气势磅礴，功力深厚；陆俨少自成一派，画风鲜明，个性强。我也很佩服傅抱石、黄宾虹和石鲁，他们立意深远，又在前人基础上推陈出新。

我认为学绘画，还是先从传统学起，传统东西学好了，才能变法升华。傅抱石的《江山如此多娇》波澜壮阔，气贯山河，他的画就走过一个从有法到无法，从具象到随心所欲的历程，他用破笔、乱笔就已有传情达意的效果。黄宾虹也从必然王国到了自由王国，晚年眼睛不好，他意在笔先，反而运笔自如。凡属名家,都有直面自然、取法自然、高于自然的艺术风格。

现在时髦的话，选择了远方就要风雨兼程。这之后，我开始学习山水技法,临摹、练习,向名师请教,到大自然中琢磨,并立下愿景。用十年时间，完成三个循序渐进的目标：首先，画好山水，但不放弃人物画；其次,在上海画出自己的“胡家样”,于画界独树一帜；三是要宣传推广,走向世界。

1982年3月,美协在上海美术展览馆举办乔木、胡振郎、戴明德国画联展,乔木的花鸟画,戴明德的人物画,我首次全部以山水画出展。我想让上海美术界认可我也是一位山水画家,结果如我所愿,同行评价不错,我的山水画家身份也算确立了。也是这一年，我的山水画得到日本同行的赞赏，自此与日本画坛结缘。

从为迎接尼克松访华，我动笔开始画山水，整整十个年头过去了。十年磨一剑,我的志向终成为脚踏实地的现实。

这次三人画展，是美协恢复后比较大型的展览。画连环画的贺友直、顾炳鑫也来了,他们很意外我的转型,但勉励有加。应野平、王个簃、谢稚柳、陈秋草、林曦明、吴青霞、邵洛羊等,都是我在美协工作期间见识,并且多有请教,他们一边观画一边鼓励,我则趁机请教,得益匪浅。

接下来的1985年，美协组织上海美术作品展，有三百多件作品参展。三十几位评委，投票评出一等奖两名，我的《家乡雨露》几乎获得全票，一等奖排名第一。虽然不是全国大奖,但上海名家云集,作品伯仲之间,能获得一等奖,对我是一种专业领域的肯定。应野平先生在《文汇报》发表了一篇评论文章,说该画情真意切,意味深长,大有“隐隐峰峦雾色中,更兼微雨益空蒙”之感。我自己也感觉到转型成功的喜悦。

再早一年,1984年,全国第六届美展,在南京选拔应征国画作品。我画姑妈家村口的图景，题为《春晓》，入选后，也获了奖。这幅画是我早期山水作品代表作，后来一直挂在家里，期间多次有人要购买，我都没有答应。

在日本卖画

第一、二个目标基本实现了。第三个目标呢?

八十年代来访过的日本京都昭和画会,与上海美协结成中日友好艺术交流团体,每两年在上海、京都举办一次交流展。

1986年,应昭和画会邀请,我与沈柔坚同往访问,那次我们在关西地区,所经京都、奈良、大阪、名古屋,皆为文化名城。我对日本文化和城市文明留下良好印象。

两年后,受神奈川县一位老板邀约,我第二次前往日本。中国人讲"贾而好儒",即是说,经商富裕后,仓廪丰足,往往开始追求文化品位,说附庸风雅也不为过。九十年代,日本早已步入发达国家行列,但很多人对中华传统文化仍然倾心仰慕。日本文化团体的体制和传统又与我们不同,很多画会都由商人或财阀资助创办,株式会社下面普遍设有文化机构,交流形式便捷灵活。

其时黄浦画院已经成立,我任院长。我到日本后,邀请在东京访问、居留的上海画家,加上黄浦画院的画师,在东京都中野区文化中心推出"黄浦画院留日画师十人联展",一时观者如云,当时日本人还比较少接触到新的水墨画,观后非常喜欢。

经一位日本画家朋友介绍,著名的NHK电视台找到我,请我去电视台讲中国画技法。NHK影响大,覆盖面广,看的人很多。讲座播出不久,我人还在东京,永康市文化局长打来国际长途,告诉我,他们在家乡看到了我的访谈,感谢我为家乡增光。

自此我在日本也有了知名度,画作受到追捧。许多日本同行希望与我结交和交流。众多画家中,有一位叫杉谷隆志,是日本著名的水墨画家、炭火画会会长。他邀请我去神奈川县讲课,那里也是他的家乡。

神奈川的这场讲座,原计划二十个人,结果来了六十多位。杉谷向每位到场者收取二千日元活动费。

我边讲边画，两个多小时，事先谈好的课时。期间，我画了两张画，一张为了讲解，一张用于表演。沈和平为我翻译，他也擅画花鸟。我们是老朋友，1982年便已相识。我推荐他也当场画一张，结果作品当场就被人买走了。同行的另一位朋友擅长刻印，也当场示范了印作。

课程结束后，杉谷把收来的十二万日元全部给了我，我明白他是想交我这个朋友，也认可我的艺术价值。当然他的这一举动，也使我感到他的真诚可信。

按计划，第二天我们将前往镰仓。我对杉谷说，这十二万元，就安排今天晚上的聚餐吧。杉谷不愿收，但为尽地主之谊，邀我们去他家用餐，总共来了二十多人。起初，他的夫人对待我们稍显冷淡，我拿出四万元，作为送给她的礼金，她的态度开始变得友善起来。剩下的八万元，我也请杉谷收下用作餐费，大家都很满意。

这样的安排使在场的日本友人，甚至同行的中国画家都有些意外。当时，国内经济落后，人们生活也不富裕，在上海，一餐体面的宴请不超百元，我随同沈柔坚第一次去日本访问，经费捉襟见肘的经历前文有已有描述。这十二万日元，至少折合人民币一万多元，在我算是一笔巨款。杉谷是中国通，了解中国情况，对此深受感动，建立起我们之间长期友谊的基础。

日本著名画家三水公平当晚也在。餐毕，三水说："胡先生，我要买一张你的画。"我随身带着几张画，尺幅都不大，40公分左右。他仔细挑选了一张。三水会长是油画家，也懂中国画，他当场购画，既是真心喜爱，肯定也有鼓励支持的意思。

他问画的价格，我不再客气，说："十二万。"恰是我当晚的收入支出，其实已经超出当地著名画家的价格，因为有日本朋友告诉我，画价定低了反而有损画家声誉。三水会长毫不犹豫，果断成交。

三水公平一出手，在场的爱好者纷纷要求购买。我又卖了三张小画，收入十二万。这批画，画在特殊的宣纸上，雅致美观，日本市面上特有的纸品，却产自中国安徽。聚会快结束之时，我又卖了四张仙纸小画，每张三万元，收入第三个十二万。之后又卖出一张画，当晚刚好凑了四十万日元的整数。

这次聚会，可谓名利双收，自此后我的日本朋友越来越多，艺术交流邀约不断。

我的几位日本朋友

十人画展、NHK讲座、神奈川的交流，我称为自己初到日本的“三板斧”，主要还是得益于大的时代背景。

七十年代末，中日恢复邦交后，文化交流迅速发展。此前中国长达十年的内乱，日本民间与中国美术界的渠道完全被阻断。改革开放后，中国文化交流的对外窗口渐次打开，普通日本民众才有了再次接触中国书画作品的机会。此时正逢日本国内经济繁荣，钱多了，必然要丰富文化生活，而中国书画作品一直得到日本人的喜爱。中国画要在国际市场立足，人物画无法担鼎，山水画才具共识性。当然，画家本身的艺术水平也有很大关系，你没有相应的实力，也是扶不起来的阿斗。如此，我的到来恰逢其时。

去神奈川回来，认识了更多的日本朋友。其中三位收藏家，水本务、桥本太乙、三本茂雄，后来和我关系日益密切。日本收藏家多是出于兴趣而入此行，因而对于书画，既热爱又理解，不少人自己能画几笔，做起生意来也不生硬。水本务住在所尺市，他说自己祖上是蒙古人。我去过他家，所藏美术作品极多，房间里四面都是，他的住宅不小，但因画多，堆积得只容一人转身。因为收藏宏富，有次我看了整整一天，晚上就留宿在他家。他告诉我，他很想建造一所中国画美术馆，但这个美好的愿望一直没有实现。

桥本太乙是我在大阪开画展时认识。他是东京人，当日特意赶到大阪来看我的画展。他对我说，他有一幅我的画，言谈之间对中国画很喜欢。后来桥本编辑了一册《中国近现代绘画》，以程十发先生的画作封面，里面收录了包括林风眠在内的作品，我的画在最后一页，每幅画附有画家的详细介绍。这些画都是他的收藏。晚年他将藏品捐给著名的松涛美术馆。

我后来去看过，看到自己的画挂在林风眠先生和程十发先生的作品之间，觉得真是高攀了。

安永麦州是日中水墨交流协会理事，该会名誉会长由时任总理的福田赳夫担任，会长石野久男是日本资深众议员。安永与我商量，交流协会想组织一次两地画展，在中国上海和日本大阪、东京各举办一场。

1989年5月9日，中国方面展览在上海美术展览馆如期举办，随后按计划，7月4日将移师日本。

日本方面的展览由画廊承办。画廊老板叫仓本弘三郎，我们算旧相识，老朋友。1986年，我还住在真如西村，仓本通过翻译找到我家，买过我一幅山水画，记得画的是黄山，付我八万日元。据说这幅画给他带来丰厚的回报，他卖出了一百万的高价。在商言商，从此，他对我念念不忘。此次日本大阪的画展便由他发出邀约。

办签证时，国内刚刚发生过一场政治风波，签证不好办，但我还是顺利通过，据说是风波过后第一个拿到签证的上海画家。

7月2日我抵达大阪，安永赶来迎接。7月4日，画展如期举办，这是我在日本的第一场商业画展，效果如何，我和仓本心里都没有底。出人意料的是，开展当天就有人买走我两张画，50公分见方，都是山水作品。一张四十七万日元，另一张五十五万日元。画展一个礼拜，共卖了一百八十九万。仓本高兴到有些雀跃，他说开画廊以来，从来没有一次画展收入如此丰厚。按照日本画廊的商业规则，画作出售的全部收入，扣除场地费、人员劳务、税金等成本开销，剩余纯利润，画家和画廊按照各自50%的比例分配。我们每人分得六七十万日元，我很满足，一方面所得不菲，另一方面也是作品得到日本友人的高度认可，心里有一种难以言说的自豪感。

9月，画展移步东京。实际是我和安永麦州的合作展，两人各自拿出四十幅画。场地就放在东京车站旁边的田中画廊，当地场租最贵的一家画廊，每天八万日元。开幕那天，日中水墨交流协会会长石野久男出席致辞，并题写一幅"一衣带水，日中友好"的汉字书法赠送我。石野会长通晓中国文化，待中国一向友好，曾参与过中日建交和邦交正常化谈判。这次东京展览，我又卖了几张画，收入五十万日元。

日本书画活动，多通过兴趣爱好和熟人关系网络，尤其是学生、门生的捧场，建立起一个相对固定的买卖关系。我在日本没有学生，主要靠朋友支持。不过我心里清楚，朋友再顾念情面，捧场也是有限的，最终着眼点还在画上。画好，人家才买。当时朱屺瞻先生声名远播，在日本，他的画十五万一尺，算是很厉害的。我在日本画廊的起步价，是五万日元一尺，但上升速度很快速，很快就超越了国内的部分名家。

东京画展期间，老朋友杉谷隆志带来一位出版商介绍给我。这位出版商负责一家专营美术题材的出版中心，他们出版一份刊物，名为《趣味的水墨画》，希望刊用我的作品。这次见面后，几乎每期都发表我的作品，连续三年。就在这三年间，《趣味的水墨画》发行量增加，从几千册的发行量跃升至两万多，这样更多的日本水墨画爱好者知道了我这个中国画家。

很快，这家出版中心为我出版了一套八开本的精装画册。画册上下两册，每套定价两万九千日元。画册设计很别致，中间夹一支中国毛笔，我从湖州订购了一些，量大来不及生产，又在其他地方补货，每支笔杆上刻有"胡振郎监制"字样。发行六千套，一销而空。后来我自已想买两本留念，都没有库存。

之后，更多的日本出版社与我合作。我的《中国山水技法》、《中国百景》八开精装本相继在日出版，成为许多日本水墨爱好者的必备书目。一些日本水墨画爱好者对我说，他们曾经将我的作品全部临摹过，这样的情形每次都令我感动。

不愿出手的"春夏秋冬"

三十多年来，我往返中日之间七十多次。三上富士山，走遍日本名山大川和文化名城，但更多时间花在交流画艺上。在东京，我开办多届水墨画学习班，学员遍及各地，人数众多。策划组织大型水墨画展览多达十余次。我自己也多次举办画展，屈指数来也不止十次。增加了日本民众对中国绘画艺术的了解。每年四月，樱花如雪般开放，我都会出席东京都美术馆的日本全国水墨画展，今年已经是第三十四届。我与日本书画界的友情轶事，温暖冗长，若有机会足够另传详述，我想《扶桑三十年》不失一个好书名。

我很高兴，在国家改革开放后，我成为中国水墨画输出的最早传播者之一。有一年，我去奈良，唐招提寺是鉴真大师东渡后传播佛法之所在。夕阳晚照，鉴真墓在杉树林间熠熠生辉。两千年前，他是文化使者，胸襟广博，不局限于一家一国，为一海之隔的东瀛带来先进文化和盛唐文明。文化不应受国界禁锢，文化的影响力深远长久，这两点我始终坚信。

那一阶段，在国内和日本美术界，我都获得很大成功，不光是艺术上的成就，也因此大大改变了我的物质基础。尤其是在日本画坛的耕耘，日积月累，有名有利，这样说虽不能免俗，却也贴切。在此如实记录，可以反映出我们那一代画家的生活经历和时代特征。

但话说回来，作为一名画家，如果在两者之间要有取舍，毫无疑问是对艺术的追求要放在首位。

1991年，我在东京大崎画廊开展，日本前总理福田赳夫特别送来祝贺花篮，很令我感动。1992年，我的一张《漓江》入选“日本国际美展”，获得金奖。

在东京画展上，有位日本朋友看中我的《春》《夏》《秋》《冬》水墨系列，愿出高价六百万日元买下。我清楚记得，当时一万日元可换人民币三百七十三元。但我不想卖。对方实在喜爱，退而求其次，请求我割爱一张《夏》，我还是婉拒。作画不是机器生产，很讲究心境、灵感以及时间、场合和精力等机缘，心之所往，情之所注，手之所至，表现在画面上也会大相径庭。这套四季系列，创作时间和创作情绪上都是一气呵成。如果补画一张，时过境迁，新画的“精气神”难以与其他三张匹配。

后来他看我态度坚决，退而求其次，要买另一幅作品《瑞雪》，想不到我还是不愿意。这些画，至今悬挂在我的家里。工作间歇，我偶尔抬眼品望，仍能读出不同的意境。好作品，尤其是水墨画，妙手偶得，在岁月里能沉积出不同的韵味。同时，有了这段经历，它们被我赋予精神层面的内涵——艺术家不能唯利是图，要有坚守！

我在日本出版画册，差不多同时，上海书画出版社出版了我在国内的第一本画册。

当时杜宣先生担任上海对外文化交流协会会长，他是著名作家，也爱好书画，这本画册就由他作序。杜先生这篇序文字数不多，但提炼精当，文采斐然，写得极好。我有个同学在新疆，他回上海见到我，说："胡振郎，你的画册我在新疆都看到了！"同年，我再接再厉，又出版工具书《怎样画水墨山水》，也是书画出版社出版，后来香港再版。我的山水画在日本很受欢迎，被人收藏，出版了画册。

收藏家梁培千和夫人胡宜兴喜欢我的画，从上世纪八十年代中期开始，他们锲而不舍收藏我的作品，或从我手中购买，或拍卖会所得。其中一幅《黄山神韵》，原先被我的一位学生拿去，在市场上流转时，被梁先生买下。我每次去梁家，都能见到此画挂在梁家的客厅中，颇多感慨。2010年，我在上海中国画院办展，特别将此画借来展出，后来还收录在《行迹》画册中。

梁培千夫妇收藏我的山水画很多，并编辑成为《胡振郎山水画集》，由上海书画出版社出版，大16开精装画册，由祝君波先生作序。

五、加入文史馆

加拿大之行

加拿大之行，缘起一次画展。

1998年春天，上海电视台摄制部徐杰主任推荐，上海市黄浦画院和浦东“上海建国社会公益基金会”共同举办了“98迎春送暖书画笔会”。我组织上海书画界近三十位知名画家，创作了六十余幅书画捐献给慈善机构，也因此结识了“上海建国社会公益基金会”的老板，一位浦东企业家。

他本人对书画有兴趣，属于贾而好儒、追求风雅的一类。不久，这位企业家组织“中国人眼中的加拿大”写生项目，通过上海中国画院邀请一批画家前往加拿大，其中包括汪观清、韩硕、陈家泠、陆一飞、毛国伦、龚继先、张雷平等，当然也包括我。我们一行十八人，去了三个礼拜，遍览加国大城小镇。记得我们乘坐缆车抵达雪山之巅，看白雪皑皑，冰天雪地，非常壮观。上一次见到雪山，是在西藏看珠峰，一晃二十多年了。

多伦多是加拿大华人较多的大城市，著名的尼亚加拉大瀑布就在附近，我们到那里后，画家们兴冲冲赶去写生，因此多有大瀑布题材作品留存。就在那一天，一开始大家还兴高采烈，很快就发生了意外。司机是广东人，他把我们送到一处餐厅用餐，结果等我们吃好饭出来，汽车后备箱里的多件行李不翼而飞。

异国他乡，自然是难以有结果的。我们心里都明白事情的大概原委，却无可奈何。大家损失惨重，九十年代末，电子支付远没现在发达，行李中或多或少带着现金。最心疼的，是许多人的相机都放在车上，那些已经拍摄好的照片，连同灿烂的笑脸一起消失殆尽。随同拍摄的上海电视台记者的摄影设备也丢了。我的相机因为挂在脖子上，护照在口袋里，这两样东西幸免于难。此外就只剩身上穿着的一套衣服，我的画、印章、手表、现金、箱子全都被偷。此时，大家寸步难行，许多人护照也丢失了。

吃一堑，长一智。此后，我每次外出，都更加小心谨慎。所幸，再没遇到类似劫难。我们后来听说，那位司机沉迷博彩，失败后铤而走险，出此下策。

大家情绪低落，草草收尾回国。画还是画的，大家集中了加拿大创作题材作品，举办了一场展览。我也有四幅画被人收藏，算是不虚此行。

为退休举办画展

6月份从加拿大回国后，我开始忙于自己的秋天画展。光阴荏苒，流年似水。1998年，我迎来自己的六十周岁，也将退休，开始另一段崭新生活。

想起1963年，我和陈家泠在外滩上海市人民政府门口排队报到，成为这个城市的一名市民。当天，我正式入职上海美协，进入延安西路238号大院。自那天起，整整工作了三十五个年头。三十五年寒来暑往、花谢花开，以一场画展作为职业生涯的告别，是一个画家的最恰当方式。

画展由上海市文化发展基金会、上海市美术家协会、上海美术馆和上海中国画院四家联办，排场不算小了。地点在南京西路上海美术馆。美术馆对这场画展也很关照，特别竖起大灯箱广告，分外醒目。各方祝贺的条幅密密匝匝从楼顶悬垂而下。我为此次画展，特制了五个奖杯留念，除了自己，还分送给程十发、方增先、杜宣、方全林。此外，我还印制纪念首日封和纪念卡，送给所有出席者留念。

开幕当日，因为观众太多，来了不少交警维持秩序，保证出席者和其他人的安全。程十发先生恰在生病，仍然让程多多陪着，准时到场。吕蒙的中风症状已经非常严重，由夫人黄准搀扶着，步履蹒跚地到场祝贺。杜宣当时在华东医院住院，特地赶过来参加开幕式，仪式一结束后，又马上返回医院。

此外，赵宏本、吴青霞、施南池、黄若舟、邵洛羊等老先生，龚学平、方增先、赵冷月、曹简楼、乔木、任政、林曦明、徐昌酩等新老朋友，济济一堂，谈画叙旧，追忆似水流年中一桩桩往事趣闻。

到场外宾有四五十人，日本画友居多。我家乡金华地委书记、文化局长也兼程赶来。总之，现场人头攒动、气氛热烈。后来，我请到场者在国际饭店吃饭，分发画册，带来的七百本全部发光。

这场金秋十月的画展，与我生日在同一月份。结束的第二天，我在窗下翻看签名簿，深感欣慰，自己工作了这么多年，有如此众多挚友，大家因艺术而聚，因情感而合，我真的心生感激，又心满意足。

退休这年，画展前后举办了三次。上海美术馆展出结束之后，很消耗精力，我想休息一下。没想到，家乡金华和永康的父母官紧接着找上门。说找上门，的确是因为两次画展都由他们来我家邀请。

先说金华展览。金华地委书记郭懋阳夫妇到我家作客，送来家乡特产——四幅烙铁画，上面特意刻有我的名字。他们希望在新落成的黄宾虹艺术馆举办我的画展。

新安江水，从歙县奔腾而下，汩汩流入金华。画家黄宾虹的少年时代，在两地辗转，他也曾入教金华一中和杭州国立艺专，我在这两所学校都呆过，他算我的师长。只是我无缘和他相见，1958年夏天我入读美院时，黄宾虹已于1955年春天过世。

同为画家，尊为师长，因此渊源，九十年代后期，我在金华推动黄宾虹艺术馆开办。1998年艺术馆正式落成。此时我在上海的画展刚好结束，即在金华方面邀请下，马上移师金华。我从画艺三四十年，这次携作品回乡，既是回报桑梓，也有些荣归故里的自豪。

画展整整两个礼拜，借助黄宾虹的影响，观展者摩肩接踵、络绎不绝。

对家乡的这次画展，我还是很重视，画框等都从上海运去。为做合意的画框，我从意大利购入一套进口设备，效果果然不错。展览结束，我把这套设备送给了艺术馆。

金华开展时，永康的领导也到场祝贺。他们说："你是正宗的永康人，也要回永康开画展。"

回上海后，永康市委书记和市长一道来我家邀请。他们说我是家乡的骄傲，家乡记着我。我很感动。

永康开展，题目和在金华一样，叫"胡振郎乡情山水画展"，展出一个礼拜，永康市委、市政府、人大、政协四套班子成员都有参加。金华、永康经济发达，大小老板众多，期间很多人要买画，我一概拒绝。有几位主要领导通过熟人找过来，也被我婉拒。我再三申明，回乡办展，出于感激之情和浓浓的乡情乡愁，不是为了敛财。大家也都很理解，并进而表示赞赏。

不过仍有例外。永康市政府办公室的一位同志懂画，真心喜欢我的一幅画，再三恳请卖给他。我说，卖就免了。回到上海后，我画了一张送给他，这样既没破坏规矩，又满足了他的愿望。后来，我们成为挚友，如今都有往来。他曾私下和我感叹，很多画家回乡办展，就是为了卖画，最终斯文扫地。

成为文史馆馆员

三场画展结束，我开始办理退休手续。组织人事部门的同志告诉我："胡老师，按规定你的工资可以百分之百发放。报告已经送到市政府。"

果然，不久批复下来，我的退休工资和在职时一样，因我是国家一级美术师，并有许多获奖成果。

办妥退休手续，我得知上海市文史研究馆有补充馆员的计划，提前一年送上资料和画册，算是自荐。我在生活中勇敢自信，几十年人生路，自己总是这样积极地面对一切。文史馆馆员是我十分看重的头衔，翻开馆员名录，不乏熠熠生辉的大师级人物，至少都是曾经为社会作出过贡献的人才。能与他们为伍是一种荣誉，也是一种社会的认可，一定能学到许多新的东西。

2000年初，副市长左焕琛代表徐匡迪市长在人民大道200号为我们颁发聘书。同批入馆的画家有六位，陈佩秋年纪最大，汪观清、陆一飞、廖炯模、胡振郎、龚继先，我算年轻。不光在这批人里年轻，文史馆馆员的平均年龄七八十岁，我六十二岁，简直还是“小毛头”。

从美协退休，进入文史馆，我又找到了新的发展空间。比如，我马上作为上海馆员代表去郑州参加全国文史馆第二次代表大会。

2002年6月，馆内组织我们去长征路上写生。先去越南河内，再去亚龙湾，从友谊关入境广西。路上导游带大家去工厂参观，里面售卖宝石、首饰。我直觉上感到东西不靠谱，但因为价格便宜，也随众买了一些。长征路上，我们一路沿遵义、娄山关、乌江行进，大家又在导游的推荐下，买了灵芝、杜仲、天麻……回到上海，我们发现这批东西，不是赝品，就是次品，纷纷感慨人心不古，世道沦落，骂导游是骗子。天下没有免费的午餐，也不会从天上掉下馅饼，这是我少年时代就明了的哲理，如今花甲之年，还是栽了小跟斗，人生总有诱惑，难于止步。所谓知易行难，这便是了。

2007年，中央文史馆成立书画院，上海有七个人受聘为研究员，颜梅华、王克文、胡振郎、梁洪涛、龚继先、吴玉梅、王兆荣。成立大会很隆重，地点放在钓鱼台国宾馆。北京我去过多次，钓鱼台没进过。以前常在广播或电视里听到党和国家领导人在钓鱼台接见外宾，感觉很高大、神秘，能去那里看看，我也有点好奇与向往。

上海参会，去了两个人：文史馆副馆长倪乐园和我。会场进口第一幅，是我的一幅六尺整张山水画，这也是上海的骄傲啊。这次北京之行，我见到一些多年未见的同学和朋友，还结识了一些新朋友，如天津来的何家英，相谈甚欢。

我阿哥是在我退休后过世的，年仅六十七岁。2000年夏天，我和上海几位画家在海南写生，家乡传来噩耗，阿哥过世了。我当即赶回家乡。

生父过世后，阿哥是我在家乡的唯一亲人。从海南回来的路上，我不断回忆与阿哥相处的各种场景：与阿哥相认，自此兄友弟恭，手足情深；杭州归来，在阿哥的关照下休养生息，备考美院；考取大学消息传来，阿哥发自肺腑地高兴，他来义门接我，挑着担子走在我身前，我在山间跟随他的背影，温暖安心……如今，阿哥走了，同辈中我再没有血缘亲人。

阿哥死于肝癌，他生前嗜酒如命，最终用悲剧为自己的生命做了总结，也是对周围人的警醒。阿哥生前每天用喝酒代替喝水，老天曾经示警，先后两次，他因饮酒过量送医抢救，过后却仍恶习不改，终在嗜酒上送了命。

我以前也喝酒，酒量很好。茅台、五粮液，一次能喝一瓶，啤酒可以喝十二瓶。退休后我不喝了，阿哥死后戒得更坚决，滴酒不沾。人要为自己和家人负责，首先要爱惜身体，珍视生命。这样才能不给家人增添负担，进而有体力照顾他人。爱惜身体有很多方法，我首先认为不能放任，任性的后果有时很惨烈，终究要自己承担。比如我阿哥，令人惋惜。

我与继母一直有往来，2016年6月，她一百零二岁的时候，还来上海我家中相见。我给她一笔钱，她怎么都不肯接受。她已经看得很明白，不再关注这些物质上的东西。继母回到永康不久便离世了。我现在也是八十岁的人了，我认为能摆脱对金钱的追求，人的思想和行为会进入相对自由达观的空间，自信力也会增强。

人生会随着阅历而成熟，如果懂点哲学就会更加成熟，当然成熟都是相对的。我的经验，谈哲学，不一定言必康德、黑格尔，其实中国传统的为人处事，就蕴含着最朴素、最实用的生活哲理。我从普通乡村成长而来，小时候在乡下，山清水净，田园风情，期间蕴含着自然哲学；生活劳作、邻里相处，细小处不乏生活哲学。多年的经历，让我学会辩证地看问题，长远地看事情，不走极端，于阴暗中看见光明，在困难中坚信美好。相反，一旦过得太顺利，各种荣耀和喜庆接踵叠至，我往往会提醒自己要警惕、恭谨。老子不是说"福兮祸之所伏，祸兮福之所倚"吗？

六、回报以歌

再画人物画

2002年9月，上海美协组织我们一些退休画家前往法国访问。一同去的有郭力、卢象太、卢治平等人。当时方世聪在法国，我们与他在那里见面。他乡遇故知，彼此都非常高兴。

法国是我一直向往的艺术之都，不少我敬重的师长曾留学于此，比如林风眠先生等。我是美术科班毕业生，学过印象派、文艺复兴艺术，崇拜米开朗基罗、达·芬奇。一到法国，直奔卢浮宫，在里面寻找老师们讲授过的经典作品，有一种圆梦的感动。去了巴黎圣母院，有部同名电影，当时看了很着迷。这次看到了建筑实景，想到卡西莫多的苦难，想想他在眼前的场景中活动，仿佛触手可及。巴黎圣母院没让我失望。

离开巴黎，我们一同前往意大利，如果说巴黎是伟大绘画的圣地，那么罗马就是雕塑艺术的天堂，雄伟壮阔的斗兽场、高大辉煌的教堂很让人震撼。我认为，搞艺术的人都应该到法国和意大利去朝圣，那里汇集了人类艺术的伟大篇章，是艺术史的实证。

这次法国、意大利之行，我看了很多人物画和人物雕塑，西方的雕塑艺术灿烂辉煌，不仅在博物馆，即使街头也到处可见精美的雕塑。虽然此时我已经成为公认的山水画家，毕竟早年学过人物画，也画过人物画，看见人物画和人物雕塑，总要仔细观察，有时候还要画上几笔。法意之行，使我再拾记忆，潜移默化中学习西方人物画的一些特点。

没想到，两年后我又一次重拾画笔，创作人物画。从1972年尼克松访华开始，我已经许久不画人物了。2004年，上海文联纪念邓小平诞辰一百周年，征集作品举办画展。我创作的《上海的早晨》入选。

这幅作品的主人公当然是邓小平。创作时我充满感情，当然与我的人生经历有关。我出身贫寒，虽说凭借个人奋斗走上艺术道路，有了今日成就，说到底仍与大环境分不开。1949年，喜迎解放，我的翻身感最强。1958年美院招考，毛主席批示同等学力均可报考，我才有了改变命运的机遇。以前都是富贵人家的孩子接触和学习艺术，大画家吴湖帆、贺天健、陈秋草等前辈皆家境优渥。如果没有改天换地，我怕是要一辈子甘于铁匠的宿命。我一直感恩毛主席，感恩伟大的社会变革。

“文革”结束后，邓小平一手设计和主导改革开放，这是长期在禁锢之中的人们不敢想象的大胆跨越。改革开放后，全民生活富裕指数攀升。有钱了，艺术市场才繁荣起来，才有人为书画作品支付对等价码，画家们的生活才一下子美好起来，社会地位也大大提高。这是内部。从外部讲，中国富裕了，国际地位提升，中华传统艺术在世界广受欢迎，我们这批走出国门的画家能感受到，祖国强大对个人的烘托作用。是邓小平的政策给了我们更多尊严，人受尊重，而艺术变得有价值。

这幅《上海的早晨》，画面里邓小平悠然前行，远处衬着建设中的繁华浦东。我自己感觉画得不错，一来是我人物画的功底还在，科班出身，亦曾创作过多幅人物画，《公社兽医》当年也属于成功之作。这次巴黎和罗马之行，对我又有新的艺术启发。二来是有感情，我画邓小平，心中存崇敬感恩之念。我一直强调创作要有情感，观众能透过画幅和线条感染到画家的情致与态度。1976年毛主席逝世，我创作毛主席人物画《永垂不朽》，陈秋草先生给我题款，发表在《解放日报》上，很多同行评价不错，说能感受到化悲痛为力量的气概。同样道理，我带着情感创作。我不愿为创作而创作，那是命题作业，应付的话难出精品。推而广之，我总结，凡我遂心或获奖的作品，都是激情之作，先要打动自己，才能传递给观者。《家乡雨露》是这样，《春》《夏》《秋》《冬》也是如此。

如果说毛泽东、邓小平，是在大时代里改变我的命运，影响我人生历程的伟大人物，那么潘天寿院长，则是在专业领域对我影响和塑造最大的人，他教授的艺术理论、绘画理念，我终身受益。我入读美院，学校的教学思路、教学方针、教学方法、具体课程都由院长亲自制定，我们这批同学，说师出潘门并不为过，是他在我们一片空白的艺术生命里，写下最初的几笔。

2007年12月24日，西方的平安夜。我回杭州参加《潘天寿六十年代学生作品展览》。展览地址在南山路景云村1号，先生原来的旧居，现在已经改成潘天寿纪念馆。遥想我们读书时，逢春节去潘家拜年的情节，恍如隔世又深情难忘。

展览由中国美院主办，院长潘公凯先生主持。他子承父业，1996年开始担任中国美院院长。四十年前，我们去潘院长家，公凯还是烂漫的儿童，白驹过隙，如今已然人到中年。我们和潘天寿院长虽然不是旧社会的师徒关系，但都敬重他的德艺双馨，心灵归属感强，远胜一般的师生。看到先生身后，故居整饬一新，家学后继有人，都为之高兴。

我有两幅作品参展，并参加了研讨会。那次聚会以62、63、64届为主，那三年之后发生了“文革”，美院受冲击太大，招生停止，已无法正常教学。我们这三届成为“文革”前毕业生的中坚力量，人数多，分布广，成绩斐然，没有愧对母校和恩师。聚会的同学来自各地，河南、安徽、北京，还有从加拿大赶到的。上海到场人数最多，我、梁洪涛、施立骅、苏春生都去了，忆恩师、叙旧情、谈艺术，无不感慨万分。

杭州回来，已进入2008年，我七十周岁。在退休的十年里，没有俗务缠身，我专心作画，不断有新的感悟，画艺仍有精进，自己感觉心之所往，笔之所及，更加游刃有余。于是考虑再举办一次画展，将十年的成果汇集一下，既是对自己的检验，也是对关心我的朋友的汇报。

其时，施大畏当选美协主席不久，又兼了很多社会职务，责任重，琐事多，但仍不遗余力推进上海美术事业的发展，当然这也是他的责职，难得的是他没有扔掉专业创作。我们是老相识，他关心着我的创作，也没有忘记我七十周岁生日，支持我再办一次展览。

但2008年真是一个多灾多难的年头，年初全国性的雪灾，5月份又发生汶川大地震，我记得温家宝总理还在灾区的黑板上写“多难兴邦”，此外还有奥运会……总之，搞个人画展似乎不合时宜。

眼看2010年世博会已经临近，全市都在响应，这也是书画界的盛事。施大畏对我说，可以举办一场迎世博画展，就在岳阳路197号上海中国画院举办。我欣然答应。不久，由美协、画院、文史馆主办的“迎世博——胡振郎山水画百景展览”，就在画院隆重展出，共有我近十年创作的一百三十多幅山水画。

退休的十年过去了，我从花甲步入古稀，不废时光，艺术感悟也更深透。

这十年，白云苍狗，岁月更迭，海派画坛是长江前浪推后浪，滚滚向前，永不停歇。这一次开画展，我的感触很深，老友张桂铭、陈家泠、徐昌酩、张雷平等人来了，但好多前辈已经见不到了。八十年代初，我与乔木、戴明德开三人画展，谢稚柳、王个簃、应野平、陈秋草、沈柔坚、贺友直、顾炳鑫来观展祝贺；退休开画展，程十发、吕蒙、施南池、黄若舟、邵洛羊、赵宏本、吴青霞还在。

一念及此，情何以堪。以前我们曾经是晚辈，仰望林风眠、谢稚柳、陈秋草、唐云、王个簃、张大壮这些大家，见贤思齐，无论是品德还是画艺，都努力向他们学习。如今，在后来者和青年画家眼中，我们也许正充当着标杆，扮演着前辈曾经的角色，是否合格，能否承担？如此一想，顿感责任重大，压力陡增，有时候甚至辗转难眠。说到底，作为一名画家，你别无选择，必须依靠作品说话，而前提是对人性和人心的坚守，对社会的回报，即使你经历过无数痛苦，或许人书俱废，终将湮没于世，但一定不要忘了自己的担当。

你们问起我画室名的来历，名叫“养艺斋”，谢稚柳、陆俨少、程十发、刘大为、韩天衡、周慧珺等名家题写过斋名。养艺，养艺，就是取之于艺术、用之于艺术，要奉献艺术、奉献社会，多做实事、好事，我一生的艺术成就来自艺术，得益于艺术，乌鸦反哺、羔羊跪乳，如今也该回馈社会。这是一个艺术家的责任感和使命感。

说到这里，我再简单谈谈对艺术创作的一些见解，这对理解我的作品会有帮助。

创作要有真情实感，我的画最大的特点是取材于生活。我曾在《山水画之我见》一文中写道：“在我山水画作品中，描写富春江及家乡为题材的内容较多，这与我从小生长在那一带，又常去写生，对那里的山水比较熟悉，感情较深是有关的，这感情自然也会灌注到我笔端，画起来也顺手。”

大自然美景常在，但又千差万别、各美其美，鬼斧神工变幻莫测，艺术创作也需顺应自然灵动多变。山水是自然之子，在时空中变化无穷，有东西南北的空间变化，有古往今来的时间迁移。胡杨生于沙地，杨柳长在河边，春雷夏雨秋风冬雪。画家亦得根据不同时空综合运用技法。如此，创作才不会彼此雷同，才不会风格不清、千人一面。我画四季，画前思量，每一幅选用不同技法，绝不用同一手法表现南方和北方、春天或冬季。创作也须因地制宜，因势利导，我的春夏秋冬系列，有用水墨，也有淡彩或重彩，以最能表现者宜之，故能得好评。

传统笔墨需要继承，也需要创新。中国画胜在水墨。在色彩方面，中国画与西画相反，色彩相对清简，崇尚在微妙之间求变化，在不多的色调变幻中寻统一。我小时候，阿根叔让我去自然之中寻找颜料，采集色彩，只五种，便满足了所有需要。因为中国画有法宝，就是水。千变万化仰赖于水的运用。画中国画，要把水用活，用到出神入化，黄宾虹就是如此。我自认用水也是成功的，墨分五彩，焦、重、浓、清、淡，我在水墨画创作上也能运用自如，当然大家都知道这个道理，不过功底深浅而已。

讲究传统，不是不需要创新，恰恰相反。传承千年的中国山水画，大家名师辈出，缺少方法上的突破与变革，再要创新何其难。散点透视用了无数代，画法雷同，很多人一辈子画不出来。观众也觉画面类似，印象差不多。

中国画散点透视，有优点，亦有局限。若组织大画，能全视角，将景观尽纳其中，但画小幅便不合适。西画的焦点透视可予以弥补，它的成角可以将景色描绘得更真实、更亲切。在色彩方面也是如此，西画的响亮而跳动，灿烂而透明，同样值得借鉴。中国画立足传统，同时吸收一些西洋画的技法，灵活运用，揉纳其中，有时颇能相得益彰，锦上添花。多一只眼睛，多掌握一些技法是有好处的。

业内人称我“胡家样”，也是基于我的创作技法不似他人，有独特意境。魏晋南北朝时期的谢赫在《古画品录》中，提到中国画的六法论，开篇就讲“气韵生动”。气韵生动，当然与构思立意、布局章法、笔墨运用戚戚相关，脱离了这方面奢谈气韵生动，当然不行。我在山水画创作时经常想如何能达到：远观有气势，近看有硬功，气骨两生相，会意在镜中。中国画的意境，不仅只是显露在有我之境，而且也表现于无我之境。为了追求水墨气韵，有时需要放弃具象的描绘，进而营造出气氛和意境。

意境对中国画来说非常重要，所谓画外有画。失却意境，水墨再好，画技再精湛，不过画得精致而已，出不来有气韵、有灵性的作品。纵观几千年中国画史，诗情画意，好作品无一例外都有高妙意境。我曾写过《山水画的灵魂是意境》《中国画的诗情画意》等文章，并做过相关讲座。王朝闻先生曾讲“小中见大、个中见全”，说的就是寓藏于深的意境。

记得高考应试时，我便深谙境界的重要，并以此脱颖而出。我画“爷爷积肥忙，为了千斤粮”，是为了表现大跃进总路线。后来获奖的一幅《家乡雨露》，如果没有这四个字点题，不过是张景色优美的山水画。有了“家乡雨露”四字便不同了，作品有了意境、情感和思想。既表现自然景物，也表达了家乡对我的滋养。我后来还画过《万山深处一孤舟》,画面是一个船夫奋力拉纤。我想暗喻我一个人在艺术道路上踽踽而行,艰难跋涉,看画的人感受到了,这就是意境。

技法也好,意境也好,书画作品说到底是一个画家艺术修养的全部呈现。干涩枯燥的人,画出的作品一定空洞乏味;广博厚重的人,才有机会表达内涵丰富的主题。陆俨少先生被誉为文人画家,我借调画院之时,与其交往亲密,也亲见他工作之余,凝神聚气,专攻阅读,遍览群书。功夫在诗外,文化底蕴直接影响画家的艺术表达。放眼画坛,向上追溯,堪称大师之人,无不综合素养过硬。吴昌硕如此,齐白石、潘天寿皆是如此。中国画,说到底,是诗书画印融为一体之综合艺术。

我的口述差不多结束了。记得泰戈尔说过:“世界以痛吻我,我要回报以歌。”

我的人生经历和生活态度,正与此类似。回首往事,历历在目;人生苦短,情意绵长。我对这个世界充满感激之情,也衷心感谢我的作品的爱好者。在我,人生仍是“画不尽江山美景,道无穷人间真情。”,我以此作为口述的结尾。

1
2

图1　1977年9月，在上海美术展览馆，胡振郎（中）陪同刘海粟（左）、朱屺瞻（右）作画

图2　1977年9月，在上海美术展览馆，胡振郎（中）陪同唐云（右）、刘海粟（左）作画

图1 二十世纪八十年代初，胡振郎（右）与多年同事、油画家何振志（左）合影

图2 1981年10月，胡振郎（左）与版画家邵克萍共赴广西写生，两人是多年同事，曾同室办公

图3 1978年春，胡振郎和爱人王桂珍在上海南市区照相馆合影，背景为夫妻俩从家中带去的胡振郎作品

1 | 2
3

1 3
2
4

图1　二十世纪八十年代末，张林宝（左）、张乐平（中）、胡振郎（右）在一起

图2　1978年，为拍摄纪录片《张大壮》，胡振郎去张家探望病重的张大壮时，张赠送的小品《虾》

图3　1979年2月，胡振郎（右）与陈秋草在苏州拙政园（陈秋草是上海美术展览馆第一任馆长）

图4　1979年2月，上海画家在苏州拙政园写生，由左至右：陈秋草、沈迈士、应野平、朱屺瞻、郑慕康（胡振郎摄）。五老均是上海画坛一代名家

图1　1982年3月28日—4月9日，上海美协恢复工作后所举办的第一个国画联展《乔木、胡振郎、戴明德国画联展》在上海美术馆展出，王个簃出席开幕式、参观画展的留影，从左到右依次：王个簃、胡振郎、乔木

图2　1982年3月28日—4月9日，由上海美协主办的《乔木、胡振郎 、戴明德国画联展》，其间的4月2日日本“墨青会”代表团一行二十多人参观画展并与三位画家集体合影留念，其中第二排右起：戴明德、乔木、杉谷隆志、×××、胡振郎等

1/2

1

2

图1　1986年9月，胡振郎创办上海市黄浦画院，并任院长至今，图为1988年9月胡振郎主持上海市黄浦画院首届绘画书法作品展览开幕式

图2　1982年至1985年，上海美协举办多期国画进修班，此为当时任教全体老师合影，前排从左至右为钱行健、胡振郎、罗步臻、苏春生，后排从左至右为梁洪涛、金正惠、张桂铭

图1　1988年夏，胡振郎在日本神奈川县写生

图2　1988年7月，胡振郎应日本NHK电视台邀请作水墨画讲座，该讲座通过全球卫星放送，传播甚广

图3　1991年9月，胡振郎在东京举办画展，日本前内阁总理大臣福田赳夫送花篮祝福

1 | 2
3

1

2

图1　1986年3月18日，在南京东路的“七重天宾馆”，胡振郎参加由上海市领导安排宴请应野平先生和他的学生谢春林的活动，并与应野平先生（中）、谢春林（左）合影

图2　1989年9月5日，由日中水墨交流协会主办的胡振郎和日本安永麦州的日中水墨画展在东京举办，开幕式由会长石野久男先生（日本众议院终身议员）致辞，并题字“一衣带水、日中友好”赠送给胡振郎留念

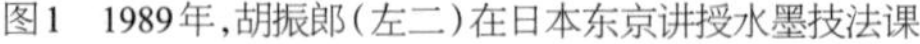

图1　1989年，胡振郎（左二）在日本东京讲授水墨技法课
图2　1991年10月，胡振郎和夫人王桂珍在日本东京
图3　1996年8月，胡振郎（中）在东京宫城县为日本学生示范水墨画法

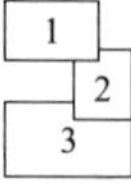

1
2

图1　1998年9月28日，胡振郎家乡的领导前来上海参加其六十周岁画展开幕式的合影，从右到左依次：胡振郎、郭樊阳（金华市委书记）、葛风兰（金华市文化局局长）、胡金根（金华市黄宾虹艺术馆副馆长、画家）

图2　1999年6月，《胡振郎乡情山水画展》在金华市黄宾虹艺术馆举办，在展览现场胡振郎（中）与老友原永康县委宣传部部长董岩宽（右）、原永康县文化局局长林克成（左）合影留念

图1　二十世纪九十年代，胡振郎与祝君波（左）、收藏家梁培千（右）合影

图2　2016年9月27日，上海黄浦画院三十周年举办"彩墨交融绘新境"书画展，上海文史馆原馆长沈祖炜出席开幕式并讲话。图为沈祖炜（右）与胡振郎合影

图3　1998年5月，"中国人眼中的加拿大"写生团在加拿大合影，左三为胡振郎、左五陆一飞等

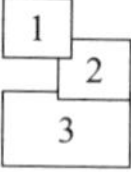

1

2

图1　1998年9月，胡振郎六十周岁山水画展在上海美术馆举办。左起为谢春林、徐昌酩、程十发、杜宣、方全林、曹简楼、赵宏本、吴青霞、乔木、翁闿运等

图2　1998年9月，程十发先生（中）出席胡振郎山水画展，并为开幕式剪彩

1
2

图1　2000年1月20日，时任上海市副市长左焕深（右）代表时任市长徐匡迪在上海市政府礼堂向胡振郎颁发上海市文史研究馆馆员聘书

图2　2005年12月26日，时任上海市长韩正主持召开上海市文史研究馆馆员座谈会，胡振郎（中）在会上发言

1

2

图1　2005年12月26日，胡振郎（左）与时任上海市长韩正合影

图2　1986年夏，周慧珺（右）为胡振郎画室题写斋名“养艺斋”

图1　2003年6月中旬，胡振郎（右一）与汪观清（右二）、龚继先（左一）在上海朵云轩百年大庆时举办国画联展，并与时任上海文史研究馆馆长徐福生（左二）合影

图2　2000年夏，胡振郎邀请好友共聚画室"养艺斋"交流艺术，左起陆一飞、钱行健、胡振郎、徐昌酩、曹简楼、乔木、龚继先

1/2

1 | 2 / 3
4

图1　1999年6月，胡振郎（左）与王伯敏（中）、林曦明（右）在黄宾虹艺术研讨会现场

图2　2002年3月，胡振郎回乡出席金华一中百年校庆庆祝仪式，与时任金华市长郑尚金（中）合影

图3　2002年3月，胡振郎回乡出席金华一中百年校庆庆祝仪式，与时任金华市委书记郭懋阳（中）、副书记陈章凤（左）合影

图4　2005年9月，上海市文史研究馆组织画家馆员赴胡振郎家乡浙江永康方岩采风，全体成员在石鼓寮影视基地合影，左四为胡振郎、右四为时任上海市文史研究馆馆长吴孟庆

1 | 2

3

图1　1985年1月，上海美协与《新民晚报》读者服务部合办全国美术函授班，此为梁洪涛、施选青、胡振郎在为此忙碌

图2　1997年8月3日，胡振郎在浙江常山溪口江畔写生（同行有学生二十多人）

图3　1998年9月，胡振郎山水画展开幕，此为其与来宾合影，由左至右为方增先、徐昌酩、胡振郎、方全林、杜宣

1

2

图1　2013年秋，胡振郎在日本长野县山区

图2　2016年8月，胡振郎全家在东京热海合影

附录　胡振郎年表

1938年至1939年（1—2岁）

1938年农历八月初八（公历10月1日），出生于浙江省永康县桥下乡胡塘下村，原名胡进郎，是家中第二个孩子，有一位年长五岁兄长。出生时，生母难产而死，生父艰难将之抚养至快一周岁，不得已将之送人。

1939年养母应香球（永康县古山镇四村人）收养胡振郎，悉心照顾。

1940年至1945年（3—8岁）

养母为生计及供养胡振郎读书，以卖草鞋和肉饼、包子谋生。年幼懂事的胡振郎跟随养母，出力帮忙。

在此期间，胡进郎改名胡振郎。乡村艺人阿根叔经常为其讲述中国古代故事并授其绘画基础技能，就此开始绘画启蒙。

1946年至1952年（9—15岁）

1946年秋，入读古山镇中心小学，学习成绩优秀，担任班长、学生会主席。课余时间，学习中医、雕刻、绘画，练习武术功夫，兴趣广泛。

1949年，古山镇解放，为迎接解放军进驻，胡振郎绘制马克思、恩格斯、列宁、斯大林、毛泽东、朱德等人物画像，初显绘画才能，被称为“图画大王”。同时，还参加演出《白毛女》等话剧。

1952年夏，胡振郎参加中学升学考试。

1952年至1953年（15—16岁）

1952年，以第3名的优异成绩考取浙江省名校——浙江省立金华一中。但因家庭贫困，仅就读一年便无奈辍学。这一年，因养母积劳成疾，病情加重，胡振郎经常步行上百里山路，往返金华一中与古山镇之间，利用周末休息时间，照顾病重的养母。

1953年至1956年（16—19岁）

1953年夏，胡振郎辍学。

先投奔在萧山开设打铁作坊的养父的哥哥，在其推荐下，拜流动铁匠为师，经历数月辛苦的流动铁匠生活，后因受伤，回萧山就医。期间，得知养母病危，胡振郎赶回家照顾。养母过世后，仍返回萧山。

1954年夏，胡振郎进入萧山县河上区铁工厂，成为正式工人，之后经历四年铁匠生活。

期间，根据养母生前留下的线索，胡振郎知晓了自己的养子身份，回胡塘下村寻根，与生父胡新好、继母朱秀央、兄长胡根火相认。

1957年（20岁学）

在萧山铁工厂工作期间，坚持自学文化课和提升美术创作能力。后从工厂辞职，到杭州参加为期三个月的“文学进修班”，师从原杭州大学中文系徐教授，受益匪浅。

因进修班意外提前结束，胡振郎回到胡塘下村，在担任村支书的兄长安排下，任村文化扫盲教员。其后，辗转至棠溪乡义门村做会计。

1958年（21岁）

偶尔读到《浙江日报》上刊登的“全国高等院校统一招生考试”启事（离报名体检日期仅剩一天），立即到县城办理体检，并徒步前往金华报名参加高考，一番周折后，投报成功。之后在金华参加1958年全国等院校统一考试，成功考取浙江美术学院国画系。

1958年至1963年（21—26岁）

1958年秋，胡振郎入读浙江美院，成为美院更名后首批招收的本科生之一。入学后参加半山钢铁厂劳动、海宁乡村劳动等。

1959年，浙江美院大炼钢铁，担任美院开办的东风机械厂副厂长，负责打造炼铁工具。其间结识莫朴、潘韵，共同劳动。同年，创作第一幅人物画《拜工人为师》。

1960年，加入中国共产党，成为浙江美院首批三个学生党员之一。

1961年，国画系专业分科，服从学校安排，分去人物画科。

1963年毕业分配时，与其他五名浙江美院国画系毕业生到上海工作。

毕业创作作品《迎英雄》由浙江人民美术出版社出版年画，发行全国，原稿由美院收藏。

1963年至1965年（26—28岁）

1963年，因为是学生党员和国画人物画家，被分配至上海美协会员工作部工作。其工作的三项主要职能包括：联络和管理会员、主办和协办展览、辅导和发展业余创作。此外，还担任机关党支部组织委员、国画组副组长等职务。

1964年，国画人物画《公社兽医》入选“全国公社风光美展”，并先后在《美术》《人民日报》《文汇报》和《艺术报》等十多家报刊上发表。

1965年，工笔人物画《兽医姑娘》《不断前进》和《学愚公创奇迹》三幅作品同时入选“第四届全国美术作品展”，后两幅原稿现藏于上海市美术家协会。其间，《兽医姑娘》由上海人民美术出版社出版年画，全国发行230 000张。工笔重彩人物画《贫下中农好队长》由上海人民美术出版社出版年画，全国发行。

1965年末，赴川沙县虹桥公社第四大队参加“四清”运动。

1966年至1976年（29—39岁）

“文革”开始，中国美术家协会上海分会工作陷入瘫痪。

前往奉贤“五七干校”劳动学习。

1972年，为接待尼克松访华来沪，上海革命委员会组织画家绘制壁画，装饰接待场馆。胡振郎调往上海中国画院参与创作，创作相关主题作品，并结识多位知名画家。正式开启自己的山水画创作。

1973年4月，赴黄山茶林场深入生活，第一次上黄山，领略黄山山水大美，领悟到意境对于山水画的意义。同年，与张迪平合作《擦亮眼睛》，入选“全国中国画、连环画展览”，作品现藏于上海美术馆。又创作代表作《永不松劲》。

1974年3月主动报名前往西藏，支援西藏自治区成立十周年纪念美术展的创作筹备。北京中央美院、沈阳鲁迅美术学院亦有派人参加。援藏半年，担任上海团队的党团代表，克服高原反应及艰苦生活条件，坚持到最后一个返沪。

期间为西藏机场创作两幅山水壁画，为西藏自治区首届运动会创作大型宣传画，并创作《高原迎春》《说不尽的心里话》《学毛选》《西藏军民情》《送红宝书》等西藏题材作品。

1976年，为纪念周总理逝世，胡振郎创作国画作品《悼念》，入选《天安门诗抄选集》。同年9月创作大幅国画人物画《永垂不朽》悼念毛主席逝世，《解放日报》半版发表。

1977年至1985年（40—48岁）

援藏归来，调往上海美术创作办公室工作。1980年当选中国美术家协会会员。同年8月27日，中国美术家协会上海分会第三次会员大会在上海文艺会堂开幕，上海市美术家协会正式恢复，胡振郎当选理事。

美协恢复后，积极参与创办并编撰《上海美术年刊》1—4期。同时，创办上海美术进修班、与新民晚报合作美术函授班，广泛培养美术人才。

1979年，山水画《新安江畔》入选"中国近现代国画作品展览"，由中国展览公司组织赴美国十大城市巡展。

1980年，山水画《林海知音》入选"全国农垦画展"，作品由点艺斋收藏。

1982年3月，上海市美术家协会主办乔木、胡振郎、戴明德三人画展。胡振郎第一次以山水画家的身份亮相，获得专家和观众的广泛认可。同年9月与朱国荣、施选青合著的《中国绘画故事》由上海人美社出版。

1983年9月，陪同吕蒙夫妻回永康参加浙江省永康县文联成立大会。

1984年，山水画《春晓》参加全国第六届美展，后获1984—1985年度上海市首届文学艺术作品创作三等奖。同年5月赴安徽歙县参加"纪念渐江诞生320周年、黄宾虹诞生170周年"活动。

1985年，山水画《家乡雨露》获得上海市大型美术作品展览一等奖。同年，"胡振郎山水画作品展"在香港九龙举办。

1986年至1987年（49—50岁）

1986年4月应日本京都昭和画会邀请，随上海市美术家代表赴日本京都美术馆，出席"上海美术家国画作品展"开幕式和艺术交流，此次是他首次访问日本，并有两幅作品参展。其后多次访日，日本NHK电视台多次播放胡振郎访谈及书画讲座，其在日本逐渐成为具有较高知名度的海派画家。

首访日本回国后，积极策划筹办一家以"兴办美术教育，培养美术创作队伍"为宗旨的民办画院。半年后，1986年9月，上海市黄浦画院正式成立，首创中国第一家公助民办画院模式。程十发出任名誉院长，胡振郎任院长至今。

1986年秋，山水画《春酣》《夏荫》《秋艳》《冬寒》《夕照》《晨》等多幅作品入选上海市美术家协会在上海美术馆举办的“第二届海平线美术作品展”。

1988年至1996年（51—59岁）

1988年，创作山水画《江畔晚来秋》，入选当年由上海美术馆举办的“中国画展”，后赴法国巴黎展出。胡振郎应邀再次出访日本，开展中日文化艺术交流，其山水画《黄山晨韵》由日本收藏家桥本太乙收藏，并编入同年出版的《中国近现代绘画》一书中。后该画在日本松涛美术馆与林风眠、程十发等画家作品同堂展出。同年山水画《避暑山庄》入选第七届全国美展。

1989年5月10日，“胡振郎山水画作品展”在上海美术馆举办，由上海市美术家协会、日中水墨交流协会联合主办，日本画家安永麦州的五十幅作品也同时展出。7月和9月，应邀在日本大阪犹夷轩画廊和东京都田中画廊，分别举办“胡振郎山水画展”。日本收藏家桥本太乙和日本终生众议员、日中水墨交流协会会长石野久男先生出席画展开幕式并致词和题字留念。

1990年开始，任上海中国画院兼职画师至今。同年4月随上海市对外文化交流协会组织的上海艺术代表团，赴东京出席“中日书画联展”开幕式和艺术交流活动。

1991年，山水画《源远清流》入选“全国第一届当代山水画展”。9月24至29日“胡振郎山水画展”在日本东京大琦画廊举办。11月主持日本画信协会在上海美术馆举办的画展。同年当选黄浦区政协委员。

1992年，山水画《漓江》入选日本国际美展并获金奖。7月25至26日应邀到西郊宾馆作画。

1993年3月31日，被评选为国家一级美术师。9月，应日本岛根县美术家联盟邀请，举办山水画展。同年，山水画《曙光普照》由毛主席纪念堂永久收藏。

1994年7月，胡振郎与沈柔坚、徐昌酣、何小薇应日本京都昭和画会邀请再次访日，在日本知名画刊《趣味的水墨》上连载山水画技法。上海人民美术出版社出版胡振郎《山水技法》一书。日本美术教育出版社出版胡振郎《中国山水画技法》中国百景大型画集。山水画《天目清风》入选第八届全国美展。年底赴新加坡举办画展。

1995年，应日中水墨交流协会邀请，胡振郎与沈柔坚、徐昌酩三度访日。

1996年7月29日至8月9日黄浦画院组织十人代表团，赴泰国曼谷举办画展；当年黄浦画院成立十周年，画院举办展览，出版画册，安排多场中日画家互访活动。

1997年至1999年（60—62岁）

1997年6月17日，胡振郎在家中画室“养艺斋”举办“三邻里国画展”迎香港回归，开家庭画廊之先河。6月21日黄浦画院赴金华、永康举办画展，上海电视台跟随拍摄胡振郎纪录片。

1998年5月28日至6月17日，随上海中国画院组织的“中国人眼中的加拿大”写生团，赴加拿大写生风采。9月25日下旬，在上海美术馆举办“胡振郎山水画展”，亦为其六十周岁庆。

1999年4月2日至15日，随上海文化艺术交流团赴日本东京、大阪等地艺术交流。6月6日，赴浙江金华参加“黄宾虹艺术馆”开馆仪式及艺术研讨会。

2000年至2010年（63—73岁）

2000年1月，被聘为上海市文史研究馆馆员。

7月与梁洪涛、龚继光、赵豫、徐有武等画家赴海南岛采风。9月应邀赴金华黄宾虹艺术馆举办“乡情山水画展”。10月17日至24日，随上海市文史研究馆馆长徐福生、《世纪》杂志副主编沈飞德赴河南郑州，代表上海市文史研究馆出席“全国文史馆第二届工作会议”。

2001年7月21至23日，在浙江东阳创作11公尺× 5公尺的巨幅山水水墨画。9月26日，《胡振郎乡情山水画展》在其家乡永康市开幕，展出山水画一百幅。12月，山水画《江畔静居图》入选第四届当代中国山水画展，在中国美术馆展出。当年黄浦画院成立十五周年，画院在上海、日本京都组织展览，组织访日代表团，出版画册。

2002年2月24日，上海黄浦画院在上海新雅饭店举办“迎新春献爱心书画捐赠仪式”。3月10日，出席金华一中百年校庆纪念活动。6月随上海市文史研究馆采风团赴越南河内写生，后经云南至贵州返回上海。7月13日至29日，随上海市美术家协会采风团赴法国、意大利、瑞士等六国艺术考察。10月11日，“胡振郎山水画小品观赏展”在日本京都举办。

2003年6月，与汪观清、龚继先在朵云轩百年大庆时举办三人国画联展。9月19日至25日，中国文化部文化艺术促进会邀请胡振郎等四位上海画家赴韩国办展。同年，全国画院双年展在中国美术馆举行，山水画《秋山晨韵》入选。

2004年初夏，与陆一飞、张复兴在上海朵云轩举办“海上三名家山水画展”。《上海早晨》入选由上海市文联主办的“纪念邓小平诞辰一百周年画展”。同年，胡振郎山水画《浦江源头飘清香》入选上海美术大展。

2005年，山水画《春江晨韵》入选上海美术大展。9月21日至25日，上海市文史研究馆组织馆员赴胡振郎家乡浙江永康方岩山等地采风写生；10月与上海市文史研究馆馆长吴孟庆代表上海市文史研究馆参加中央文史馆主办的“全国文史馆书画作品展”开幕仪式和艺术交流活动，该展赴香港、澳门、广州三地巡展。12月26日，上海市政府召开上海市文史研究馆馆员代表座谈会，胡振郎应邀参加。

2006年3月，应邀参加在上海外滩66画廊举办的“上海九名家山水画展”，参展八幅作品。7月，上海点艺斋藏画《胡振郎山水画集》精装本由上海书画出版社出版，祝君波作序。11月，应邀在上海市美术家协会主办的

“上海山水画艺术展”中展出四幅山水画代表作。同年，组织筹办上海市黄浦画院成立二十周年暨中日书画艺术交流十五周年交流活动，9月下旬，在黄浦区文化馆举办了“中日书画联展”，并出版纪念画册，11月中旬组织黄浦画院十六位画家赴日本参加艺术交流活动。

2007年9月9日，出席中央文史馆在北京钓鱼台国宾馆举办的中央文史研究馆书画院成立大会，并接受书画院研究员聘书，同时，出席书画院首届画展开幕式。10月11日，出席在西安市荣宝楼展览馆举办的“上海、陕西文史馆书画作品联展”开幕式和艺术交流活动。12月23日，参加由上海市黄浦画院主办，在朵云轩展览厅举办的“上海九人山水画联展”。12月24日，赴杭州参加由潘天寿纪念馆、中国美术学院主办的“潘天寿六十年代学生作品展”开幕式和学术研讨会等活动。

2008年12月1日，随上海市文史研究馆代表团出席在云南昆明市举办的“全国文史馆书画作品展”开幕式和艺术交流活动。

2009年7月，山水画《群峰锦绣张家界》入选当年“上海市美术作品大展”，在上海美术馆展出。

2010年4月，由上海市文史研究馆、上海中国画院、上海美术家协会联合主办的“迎世博——胡振郎山水画展”在上海中国画院展厅开幕，展出作品一百三十多幅，并出版《行迹——胡振郎山水画集》。

2011年至2016年（74—80岁）

2011年9月25日，上海市黄浦画院举办“中日联合画展”和“上海市黄浦画院成立二十五周年画展”，11月中旬，画院组织二十多位画家赴日本京都出席“中日联合画展”和艺术交流活动。

2012年1月20日至3月10日，应松江程十发艺术馆邀请，在该馆举办“胡振郎山水近作展览”，展出作品四十多幅，并出版画册。6月赴浙江永康楠溪江写生。8月，山水画《富春江田园图》入选“中央文史馆书画院成立五周年书画作品展览”，该展在北京、广州、合肥、黑龙江等地巡展。同年，山水画《小湖春光》《春江晨韵》入选“上海市文史研究馆书画作品展”，后又赴浙江海宁展览。

2013年2月21日，参加上海市文史研究馆举办的元宵笔会。6月山水画《天目清流图》入选“上海市文史研究馆建馆六十周年书画展”。6月8日至7月8日，组织在松江程十发艺术馆举办“上海市黄浦画院三代情画展”，其间举行捐画仪式。

2014年5月15日至6月15日，上海市文史研究馆主办“胡振郎国画作品展”，展出国画人物画、山水画代表作品四十多幅，并出版画册。同年，黄浦画院在上海美博中心展览馆举办“迎国庆，上海黄浦画院成立二十八周年展”，出版画册《丹青新韵》。

2015年频繁往返中日之间，参与组织国际文化艺术交流活动。

2016年，全力进行“口述历史”讲述及整理照片资料。同时筹办上海市黄浦画院成立三十周年暨中日书画艺术交流二十五周年交流活动，先后于9月下旬和11月中旬在中日两地举办“中日书画联展”，并出版纪念画册。同年11月，胡振郎出席“中国首届田园山水画展”。

2017年，继续献身艺术，积极参与社会公益事业。

后　　记

胡振郎先生喟叹：

时光细碎如沙，一转眼人已白发。

其实，何人又能逃过此一路数?

不同的是：

每个人折射历史的投影，有深有浅，有长有短……

胡振郎先生的经历，就像自己的一部史书，除了个人情怀，所历世事无不镌刻着时代印记。

胡老出生于抗战爆发的次年，民族的苦难与不屈，乡村的凋敝与生气，新中国诞生前后的新气象，五十年代末中国高考、艺术院校科班经历，在他的口述中有独特烙印。

而本书的重点乃是，在海上画坛迈入新时代，艰难转型之际，胡老入职上海美协，凭借此一平台，创作渐入佳境，由人物而山水，终成当代名家。并参与诸多画坛实务工作，得以结识许多知名画家，见证和亲历海上美术界风风雨雨。

古人说："事不目见耳闻，而臆断其有无，可乎？"

感谢上海市文史馆的口述历史项目。

如果没有此举，胡振郎先生的人生经历，以及依托那些经历所呈现的时代印痕，会随着时间逝去而湮没。

口述之三亲（亲历、亲见、亲闻）重在细节，胜在鲜活，可读性强，予人印象深刻，为其他文体无法替代。

但无法替代，并不等于无懈可击，记忆有误者有之，故弄玄虚者有之，甚而公然捏造者亦有之……为近年来无数著述所印证。

撰稿者并非当事人，我们的工作一半在案头，一半在脚头：寻访事发现场，查阅档案资料，研究时代背景，复原历史语境……

偶尔悬疑，常常求索，总有欣慰。

职责所系，尽力而已。

总觉得故事还没有讲好、讲完。

祈望胡老海涵、读者教正。

邢建榕　魏松岩

2017年秋

图书在版编目(CIP)数据

胡振郎口述历史/胡振郎口述；邢建榕，魏松岩撰稿.—上海：上海书店出版社，2018.11
(上海市文史研究馆口述历史丛书)
ISBN 978-7-5458-1661-7

Ⅰ.①胡… Ⅱ.①胡… ②邢… ③魏… Ⅲ.①胡振郎—回忆录 Ⅳ.①K825.72

中国版本图书馆CIP数据核字(2018)第123560号

责任编辑 沈佳茹
封面设计 郦书径

上海市文史研究馆口述历史丛书
胡振郎口述历史
胡振郎 口述 邢建榕 魏松岩 撰稿

出　　版 上海书店出版社
(200001 上海福建中路193号)
发　　行 上海人民出版社发行中心
印　　刷 江阴金马印刷有限公司
开　　本 640×965 1/16
印　　张 18
版　　次 2018年11月第1版
印　　次 2018年11月第1次印刷
ISBN 978-7-5458-1661-7/K.314
定　　价 58.00元

上海市文史研究馆
口述历史丛书

第一辑

杨小佛口述历史
沈　寂口述历史
童祥苓口述历史
邓伟志口述历史
姜义华口述历史

第二辑

丰一吟口述历史
陈　绛口述历史
汪观清口述历史
刘耋龄口述历史
林丙义口述历史

第三辑

颜梅华口述历史
高云龙口述历史
曹圣洁口述历史
吴彤章口述历史
邹逸麟口述历史

第四辑

胡振郎口述历史

—— 即将出版 ——

武重年口述历史
杜维善口述历史
阮仪三口述历史
方增先口述历史